AF460797

GRANDE SEMAINE DE TOURS

(10-18 Mai 1930)

Exposition Rétrospective et Moderne

A la Gloire du Vin

Reconstitution de caves en Touraine

EXPOSITION
D'ŒUVRES ET OBJETS D'ART
DE DOCUMENTS SUR LA VIGNE ET LE VIN

HOTEL DE VILLE DE TOURS

(Salle des Fêtes)

TOURS
IMPRIMERIE ARRAULT ET Cie

1930

Pour le dixième anniversaire de la Grande Semaine de Tours, l'idée nous a été suggérée d'organiser une Exposition rétrospective et moderne *A la Gloire du Vin*. Notre Touraine, — le Jardin de la France, — s'enorgueillit autant de ses pampres que de ses roses, de ses vignobles que de ses châteaux, de ses crus renommés que de ses plus illustres écrivains et poètes, — qui, tous, d'ailleurs, ont rendu hommage à Son Excellence Mgr le Vin.

Selon le Dictionnaire et la Loi « le Vin est le produit immédiat de la fermentation naturelle des raisins frais ». Mais le vieil Homère qualifiait le Vin « liqueur divine », et, d'après Victor Hugo, « le Vin est une œuvre admirable de ce fameux Poète, le Soleil ».

« L'histoire du Vin, n'est-ce point l'histoire du Monde ? » La Genèse nous parle du premier vigneron Noé, dont la raison sombra dans l'abus d'une volupté trompeuse. La Mythologie nous narre les triomphes du conquérant de l'Inde, qui, couronné de pampres, s'avance de l'Orient vers l'Occident : c'est le Dyonisos des Grecs ou le Bacchus des Latins. Platon disait que « le Vin remplit le cœur de vaillance » et qu'il est « le lait des vieillards ». Eschyle aussi bien qu'Aristophane, Aristote aussi bien qu'Anacréon, Hésiode, tous les grands classiques grecs ont témoigné leur sympathie admirative et effective pour le Vin. Et les Latins ne furent pas en reste avec eux pour célébrer le culte de la Vigne : Horace en son Ode à la Bouteille, le didactique Ovide, voire Cicéron... Virgile, dont on commémore le deuxième millénaire, invoquait lyriquement « le bienfaisant dieu du pressoir » ; et Mistral, dont on célèbre le premier centenaire, dédiait *Mireille* à Lamartine, « comme un raisin de Crau qu'avec toutes ses feuilles offre un paysan ». Il y aurait tout un florilège à composer avec les Odes et Chansons bachiques de notre Ronsard, une volumineuse anthologie avec celles de nos meilleurs poètes. Le bon La Fontaine, sur toutes fontaines, aimait la tonne ; en dépit de son nom, Boileau buvait du vin : « Vingt muids rangés chez moi font une bibliothèque » affirmait le Régent du Parnasse, et il ajoutait : « On est savant quand on boit bien, — Qui ne sait boire, ne sait rien. » Mais tant de littérateurs se sont plu à payer tribut au jus du raisin, que nous devons nous limiter aux Tourangeaux ou naturalisés tels : la liste est suffisante depuis maître François Rabelais et son épopée « à la Dive Bouteille » et à « la purée septembrale », jusqu'à Honoré de Balzac « Homère de Balzac » et Paul-Louis Courier, qui aimait se dire « vigneron tourangeau», — un peu, mais avec plus de malice, comme Lamartine qui était plus fier, ou affectait de l'être, de ses vignes que de ses vers : « On prétend que je suis un grand poète ! Je suis un grand vigneron ». disait le poète de « la Vigne et la Maison ».

Aux collections tourangelles, de préférence, nous avons aussi réservé nos emprunts pour la présente Exposition des œuvres et objets d'art se rapportant à la Vigne et au Vin.

La Salle des Fêtes de l'Hôtel de Ville a été transformée par un vaste décor en une de ces grandes caves dont les galeries, véritables labyrinthes, sont creusées au flanc des coteaux de la Loire, de la Vienne et du Cher. Dans ce cadre pittoresque, notre Exposition rétrospective présente aux visiteurs le spectacle de quelques scènes : l'introduction de la vigne en Gaule, l'apport du vin par les Romains aux Turons ; une beuverie au temps de Rabelais ; vignerons et tonneliers en 1830 ; enfin, une installation moderne montre l'outillage mécanique de vinification perfectionné par nos ingénieurs-constructeurs.

Les progrès réalisés depuis cent ans sont manifestes, notamment dans la collection de modèles réduits d'appareils obligeamment prêtée par le Musée du Conservatoire National des Arts et Métiers de Paris.

Nous exprimons notre gratitude à tous ceux qui ont bien voulu apporter leur concours à cette Exposition, en nous aidant à son organisation et en nous confiant des pièces intéressantes ; à l'Union vinicole des propriétaires d'Indre-et-Loire ; au Syndicat des tonneliers ; nos remerciements à nos collaborateurs MM. Montas, Soulary, Labadie, architectes, M. Ch. Liéron, artiste peintre et décorateur, ainsi qu'à M. Georges Collon, archiviste-paléographe, conservateur de la Bibliothèque municipale, et son adjoint, M. Jacques-Marie Rougé, conservateur du Musée du Terroir de Loches ; M. G. Delpérier, sculpteur, conservateur du Musée lapidaire ; M. Paul Briand, conservateur de la Société archéologique au Musée des Antiquités de Touraine ; M. Lemoine, directeur des Parcs et Serres de la Ville de Tours.

Horace HENNION.

RECONSTITUTION DE CAVES TOURANGELLES

I. — LES ROMAINS APPORTENT LE VIN AUX GAULOIS

Scène légendaire et allégorique de la fondation de la ville de TOURS et de l'implantation de la vigne sur les bords de la Loire.

Le Héros romain TURNUS et une Esclave grecque portant une amphore pleine de vin du Latium. LIGERIS, la Nymphe reine de la Loire, et BRENNUS, chef gaulois.

TURNUS, offrant à Ligeris une coupe d'or dans laquelle l'Esclave verse le vin :

Ne nous battons plus! Gaulois et Romains,
Unissons nos cœurs, unissons nos mains.
En libation, mieux que la cervoise,
A la Paix Romaine, à la Paix Gauloise,
Pour rendre à jamais propices les dieux, —
Les nôtres avec ceux de vos aïeux, —
Dans la même coupe un breuvage digne
Rutile : buvons le sang de la Vigne!

LIGERIS, prenant la coupe :

Que pour nous lier en loyaux serments,
Le vieux cep latin pousse des sarments
Nouveaux, vigoureux, dans le sol de Loire!
Pampres, mûrissez au soleil de gloire
Dorant, empourprant les coteaux du val
Immense, où s'étend le fleuve royal...

(*Turnus et Ligeris*, poème par HORACE HENNION.)

Les Gaulois trouvèrent le « sang de la Vigne » tellement à leur goût qu'à cette passion pour le vin peut être attribuée l'invasion des Celtes dans la péninsule. Brennus, lors du retour de son expédition contre Rome, 390 ans avant J.-C., aurait implanté la vigne en Gaule :

Brennus disait aux bons Gaulois :
« Célébrons un triomphe insigne!
Les champs de Rome ont payé mes exploits
Et j'en rapporte un cep de vigne.
Grâce à la vigne, unissons pour toujours
L'honneur, les arts, la gloire et les amours. »

(J.-P. DE BÉRANGER.)

L'historien grec Denys d'Halicarnasse, venu à Rome vers l'an 30 avant J.-C., raconte qu'un Tyrrhène, nommé Arronte, ayant dû quitter son pays à la suite de malheurs conjugaux, se rendit en Gaule avec des chariots chargés de vin et d'huile qu'il vendit aux habitants. Ceux-ci apprécièrent ces produits inconnus jusqu'alors, écoutèrent les dires du marchand d'après lesquels la vaste contrée productrice des fruits de la vigne et de l'olivier n'était guère peuplée que d'hommes qui, pour la guerre, ne valaient pas mieux que les femmes; et les Celtes passèrent en Italie, attaquèrent les Tyrrhènes, pillèrent leurs précieuses denrées et rapportèrent des plants de vignes et d'oliviers : la vigne s'acclimata peu à peu, de la Provence, de la Narbonnaise jusqu'en Touraine.

D'après la tradition populaire en Touraine, ce serait saint Martin, qui aurait apporté « l'Évangile de la Vigne » aux habitants du Val de Loire.

II. — UN CAVEAU-CABARET AU TEMPS DE RABELAIS (1530)

HIC BIBITUR! *Ici l'on boit!...* A l'enseigne : O-XX-X-XX-C-ZO (Au vin divin sans eau) bacheliers et bachelettes célèbrent Bacchus en une de ces beuveries chères au doux pays de Gargantua, Pantagruel, Grandgousier.

Sur les murs du caveau se lisent les devises de maître François : VIVEZ JOYEUX épigraphe de son œuvre ; FAY CE QUE VOULDRAS, règle de l'abbaye de Thélème; des maximes grecques et latines : ΕΝ ΟΙΝΩ ΑΛΗΘΕΙΑ — IN VINO VERITAS (Dans le vin, la vérité) — BONVM VINVM LÆTIFICAT COR HOMINVM (Le bon vin réjouit le cœur des hommes). — Suivant ces bons conseils, les frippelipes jouent du couteau sur jambons, bacons, langues fumées, boutargues, andouilles et tels autres avant-coureurs de vin, car « par le poulain on descend le vin en cave, par le jambon en l'estomach ». L'on humé le piot : brocs et pots et flacons à toupons : hanaps, bourrabaquins, gobelets s'emplissent et se vident au fur et à mesure, et sans mesure... « Sommelier éternel, garde-nous de somme, Verse tout, verse de par le diable : la langue me pelle. Trinque! à toi, compaing!... » — « TRINCQ! » — n'est-ce pas le mot magique, l'oracle de *la Dive Bouteille?*

PRESSOIR, DIT « PRESSOIR CASSE-COU »

Ce pressoir, très ancien et authentique, provient des environs d'Artannes-sur-Indre : il a fait la vendange de 1929 et peut-être servait-il déjà au temps de Rabelais? (Voir la *Notice*, p. 6.)

III. — UNE CAVE, ATELIER DE TONNELIERS IL Y A CENT ANS (1830)

Alfred de Vigny écrivait au Chapitre premier de *Cinq-Mars*, en 1826 : « Si vous gravissez un coteau hérissé de raisins, une petite fumée vous avertit tout à coup qu'une cheminée est à vos pieds; c'est que le rocher même est habité, et que des familles de vignerons respirent dans ses profonds souterrains, abritées dans la nuit par la terre nourricière qu'elles cultivent laborieusement pendant le jour. »

Dans l'humble logis taillé dans le roc, où il ne fait ni trop chaud en été, ni trop froid en hiver, vivent des vignerons comme leurs plus lointains ancêtres « troglodytes ». Les compagnons tonneliers préparent des fûts pour la vendange prochaine qu'attend l'antique pressoir à vis de chêne ou de cormier : ils renouvellent les cercles usés et remplacent les vieilles douelles par de bon bois merrain.

Une « ancienne » brode des fonds de bonnets paillés, au coin de l'âtre dont la fumée chemine dans le roc et sort sur le coteau. Une jeune « butelière » porte sur le dos le « butet », la petite hotte dans laquelle elle va remonter dans les vignes la terre qui dévale.

Anciens outils et ustensiles : Charrues, pelles et pioches pour labourer, provigner déchausser, fouir et biner; serpes, serpeaux, serpettes et couteaux pour la taille et le greffage des ceps; hottes goildronnées, pastières, compostes, corbeilles et paniers d'osier poissé pour la vendange ; coupe-marc ; futailles; poinçons et bideaux; vaisseaux vinaires en bois de hêtre de la forêt de Jupille (Sarthe) : gidelles, sébilles et seilles, brocs en bois ; entonnoirs et passoirs; basses, bassioles et bassicots; grosses bouteilles en terre dites « Marie-Jeanne » ou « Dame-Jeanne »; vieilles bouteilles en verre à long goulot, faites à la main, dites « bouteilles de curé »; bouteilles, gourdes, pichets et tasses à boire en terre vernissée de Saint-Pierre-des-Corps; porniers en étain pour « porter le dîner » aux vendangeurs; petits barils en bois et gourdes-pèlerines (courges-bouteilles, vidées et séchées) pour emporter le vin au travail; chantepleures ; lanternes et chandeliers de cave.

IV et V. — UNE CAVE DES COTEAUX DE LOIRE

ET SON INSTALLATION MODERNE

POUR "LE VOUVRAY MOUSSEUX, MÉTHODE CHAMPENOISE"

Cellier d'arrivée du vin à la sortie du pressoir. Cuves en bois et cuves en ciment. Grands fûts et petites futailles : foudres, muids, tonnes et tonneaux. — Chantier de tirage et de mise en bouteilles. — Bouteilles en tas. — Bouteilles sur pupitres. — Chantier de dégorgement. — Magasin d'habillage des bouteilles et d'expédition. — Cellier réservé aux vins de garde.

Vannerie et boissellerie pour la vendange et le vin. — Matériel, machines et ustensiles vinaires. — Égrappoirs, fouloirs, pressoirs, pompes à vin.

Modèles de bouteilles : la bouteille, le Magnum (contenance 2 bouteilles), le double Magnum (4 bouteilles), le Jeroboam (6 bouteilles), l'Impérial (8 bouteilles).

Le matériel et l'outillage ancien et moderne sont dus à l'obligeance de l'Union Vinicole des Propriétaires d'Indre-et-Loire (président, M. Germain, président du Conseil général d'Indre-et-Loire; MM. A. Heurtault, Pinguet-Guindon, Béry-Auger, L. Moquet, Paul Jacopin); au Syndicat des Tonneliers (président, M. André; MM. Achille Ernault, Côme); à MM. Charles Vavasseur et L. Bernardet (Vouvray); M. le baron Jean de Kœnigswarter (Moncontour, Vouvray) ; Mme Platford-Raby (le Grand-Beauregard, Rochecorbon) ; M. le général de Woillemont (les Armuseries); M. Péan (le Morier) ; M. Albert Meunier (les Hauts-Clouets, Rochecorbon) ; M. Armand Doudon (Montlouis); M. A. Bruère (Artannes); ainsi qu'aux établissements Mabille, d'Amboise, constructeurs de machines agricoles, et à la maison Berger-Gouffin, de Tours, boissellerie, vannerie, tonnellerie.

MODÈLES RÉDUITS DE MACHINES A ÉGRAPPER ET PRESSER LE RAISIN ET DE CUVES A VENDANGE

Collection du Musée du Conservatoire national des Arts et Métiers de Paris.

1. *Machine à égrapper et à presser le raisin* (1814). — 2. *Pressoir vertical à vis et treuil* (1814). — 3. *Machine à égrapper le raisin* (1837). — 4. *Pressoir* donné par le colonel Moron (1855). — 5. *Pressoir à cage circulaire*, construit et donné par M. Lotz, de Nantes (1855). — 6. *Pressoir modèle à losange*, construit et donné par M. Samain, de Blois (1862). — 7. *Pressoir de M. Perrochet* (1865). — 8. *Pressoir de M. Révillion*, donné par la Société d'Encouragement (1866). — 9. *Pressoir pour le vin et le cidre*, par Ganneron (1867). — 10. *Pressoir à engrenage*, Mabille, d'Amboise (1870). — 11. *Pressoir à tube intérieur*, M. Quitteron-Parmentier (1878). — 12. *Pressoir Mabille* (1881). — 13. *Pressoir à engrenages*, système Lemonnier-Jully (1882). — 14. *Pressoir Mabille* (1889). — 15. *Cuves à vendanges*, de 270 hecto. et de 150 hecto. modèle au 1/10 (1878) (Conservatoire des Arts et Métiers, Paris).

16. *Petit pressoir*, époque 1er Empire, porté en procession par les vignerons pour la Saint-Vincent ; provient de la famille de M. Brisset, maire de Notre-Dame-d'Oë (Société archéologique de Touraine).

**

17. *Petit pressoir*, avec son bac et un petit foudre (M. Rigault, tonnelier, Tours).

18. *Petit pressoir* (M. Charles Vavasseur, maire de Vouvray).

Les pressoirs les plus anciens étaient composés d'un lourd bloc de pierre qu'on soulevait à l'aide d'un long levier basculant sur un bloc intermédiaire; le raisin ayant été foulé aux pieds par les vendangeurs, les grains écrasés avec leurs rafles, recueillis dans un panier d'osier, ou un cadre de lattes, étaient placés sur une grande pierre creusée ou table à rigole, de façon que la lourde pierre soulevée, en redescendant, achevât, par son poids, de pressurer le marc gras et en fît sortir le jus au travers des mailles du panier ou des interstices des lattes. Ce pressoir élémentaire fut perfectionné par le jeu de cordes ou de lanières de cuir facilitant la traction entre des poteaux verticaux ou poutres jumelles ; en plus, des coins y étaient enfoncés à force. L'appareil fut complété par un treuil sur lequel s'enroulait la corde, à mesure qu'on faisait tourner son arbre à l'aide de barres. C'est le *pressoir casse-cou*, ainsi surnommé à cause des accidents auxquels donnait lieu sa manœuvre pénible. Ce pressoir à cabestan fut encore transformé et amélioré. A la cuve de pierre fut substituée une maie de bois, et au-dessus de la maie, un plateau épais destiné à comprimer directement le raisin. Les jumelles guides verticales furent plus hautes, réunies par un portique solide supportant une poulie ou un moufle.

Dès le XVIe siècle, on substitua à tout ce jeu de cordes et de poulies une vis en bois descendante, fixée verticalement sur pivot libre dans des boîtiers en haut et en bas et passant dans un écrou adhérent au levier ; à l'aide de barres on faisait tourner la lanterne terminant le pas de vis, le levier montait ou descendait, et pouvait donner au plateau de charge une pression considérable.

Ce principe de construction des pressoirs subit de nombreuses transformations au cours des ans et selon les régions. Des tourillons furent enclavés dans de la maçonnerie sur le sol, ou contre les murs, avec des roues horizontales ou verticales enroulant la corde fixée sur le cylindre du cabestan.

Certains pressoirs usités aux XVIIe et XVIIIe siècles étaient d'énormes machines ayant de 30 à 35 pieds de long, sur 12 ou 15 de large. De grands arbres équarris formaient les poutres jumelles; la grosse vis en bois était commandée par une roue de 10 pieds de diamètre : elle agissait sur une charge énorme, plancher ou chantier formé de grosses pièces de bois en plusieurs rangs se croisant les uns les autres. De tels pressoirs, différents dans les détails de système, restèrent en honneur jusqu'aux premières années du XIXe siècle. Ils duraient indéfiniment, construits comme ils l'étaient en fortes pièces de bois de chêne, avec des vis de cormier; il y en a, dans des caves tourangelles, qui fonctionnent depuis des siècles et qui servent encore à presser la vendange.

En 1820, l'emploi du fer et de l'acier amena une véritable révolution dans la construction des pressoirs : le pressoir à cliquet est inventé ; la roue est remplacée par un encliquetage de fer avec clavette mobile qui, à chaque tour de la vis, quitte une entaille pour tomber dans la suivante; le serrage se fait au moyen de deux volants; des claies circulaires, démontables, permettent d'égoutter les marcs jusqu'à l'assèchement.

Enfin, en 1869, MM. Mabille frères, constructeurs-mécaniciens à Amboise (Indre-et-Loire), inventèrent le pressoir à levier multiple, à action directe et continue; ils n'ont cessé, depuis, d'apporter dans leurs différents modèles les perfectionnements appréciés par tous les vignerons.

Dans les grandes entreprises vinicoles, sont employées de puissantes presses hydrauliques.

APPAREILS POUR LA DISTILLATION

Modèles réduits (Deroy fils aîné, constructeur, Paris)

19. Alambic brûleur basculant simple sur fourneau. — 20. Alambic brûleur avec chauffe-vin. — 21. Appareil brûleur sur chariot. — 22. Appareil brûleur avec chauffe-vin. — 23. Appareil à vase sur chariot.

24. *Ancienne marmite en cuivre :* « P. Fortin, ancien distillateur, — par brevet d'invention et de perfection. » (M. Henri Genty, Villeperdue, I.-et-L.)

CHEFS-D'ŒUVRE DE TONNELIERS ET VIGNERONS

25. *Groupe de petits tonneaux*, superposés en pyramide, par Victor Patrice, Angoumois l'Ami des Arts, « aux compagnons tonneliers-doleurs ». — Autres petits tonneaux exécutés par des compagnons tonneliers-doleurs (Musée compagnonique de Tours).

26 et 26 *bis*. *Chefs-d'œuvre* de tonnelier : Une Pyramide composée de 18 petits tonneaux, tous de forme différente. 1 mètre × 0 m. 65. Cinq autres petits tonneaux. Travail exécuté par H. Hillereau (Mme Hillereau, Fondettes).

27. *Travaux de tonnellerie*. Broc en bois cerclé de cuivre; petit tonneau ovale cerclé en bois; un autre foncé à bâtons rompus; un autre foncé en pièces d'argent de cinq francs : exécutés par M. Anguille, ancien tonnelier à Monts.

28. *Chef-d'œuvre* de vigneron : « Les travaux de la Vigne et du Vin », petites scènes taillées dans le bois, machines et personnages articulés (taille de la vigne; foulage de la vendange; le pressoir à treuil; — buveurs goûtant le vin nouveau, « la bernache »); le tout dans une vitrine, haut. 2 mètres × long. 0 m. 90, surmontée d'une statuette de saint Vincent, patron des vignerons. — Travail exécuté par MM. Joseph et Jean Houdée, 1875 (M. Dupuy-Houdée, Fondettes).

---

29. *Enseigne de tonnelier* (M. Sazerac, Saint-Symphorien, Tours).

30. A. LANDRY : un *bêcheu* et une *alboteuse* de Rochecorbon.

31. Armes parlantes de VOUVRAY : « Deux lions d'argent portant une grappe d'or sur fond d'azur, avec la devise : *Je resjouis les cuers* » (M. Ch. Vavasseur).

COUPES, TIMBALES ET TASSES DE DÉGUSTATION

32 et 32 *bis*. *Timbale*, pied godronné; poinçon de charge : « *E* » *couronné*, qui est le poinçon de la Monnaie de Tours (1775-1780). — *Goûte-vin*, argent uni, anse verticale; poinçon de charge : « *E* » *couronné*; poinçon de décharge : *une tour*; poinçon de réforme : la *truelle* (1784); poinçon *au coq*, avec *la tête de vieillard vue de face* (de la collection de M. X., de Tours).

33 à 37. *Patère*, coupe pour le vin, argent ciselé et ouvragé, à pied et anses, haut. 0 m. 9; diam. 0 m. 13. Inscription « Morin-Vosne, 1794 ». — Cinq goute-vin, argent (Mme J. Platford-Raby, au Grand-Beauregard, Rochecorbon).

38 à 40. *Pichet*, à anse, décor deux triangles entre-croisés formant étoile. — Deux petites timbales à pied godronné; inscriptions « Renée Lespagnol + F. Potet », « C. Jeanet + F. Dupuis » (Mme G. Chauvigné, Tours).

41 à 71. *Une partie de la collection particulière de Mme d'Espelosin : Vingt gobelets* ciselés des époques Louis XIV, Louis XV, Louis XVI, Directoire, aux poinçons Vieux-Paris, Au Coq, Tête de Vieillard, etc. *Dix goûte-vin,* des mêmes époques (M. E. d'Espelosin, sculpteur, art ancien, les Basses-Rivières, Rochecorbon).

72 à 80. *Grande timbale,* Vieux Paris, décor gravé, guirlandes de fleurs ; « M. Regnie + F. de Périgault ». — *Petite timbale à pied godronné.* — Deux *Goûte-vin* argent uni, anse horizontale serpentiforme. — *Goûte-vin,* argent ciselé, guirlande de vignes (XVIIIe siècle). — *Goûte-vin,* argent, à cupelles et palmettes repoussées, anse verticale à palette (Restauration). — *Goûte-vin,* étain ancien, anse serpentiforme. — *Petite tasse de dégustation pour l'eau-de-vie,* en écaille, avec anse-crochet verticale (Mme Hennion).

81. *Goûte-vin,* formé d'une demi-noix de coco sculptée (Mme la baronne de Kœnigswarter, Moncontour).

82 à 99. Autres goûte-vin ou tasses de dégustation.

La tasse de dégustation, appelée communément tâte-vin ou goûte-vin, se portait dans le gilet comme la montre et servait à goûter le vin au cellier : elle était en bois (buis) en céramique, ou en métal, en étain, quelquefois en or, le plus souvent en argent uni ou ciselé et repoussé. De celles-ci, il existe de nombreux types : celles des XVIIe et XVIIIe siècles sont à anse horizontale; cette anse est formée de deux serpents, ou d'un serpent dont le corps se croisant a deux têtes, ou d'un serpent dont les écailles sont plus ou moins marquées, ou même disparaissent ainsi que la tête pour n'être plus qu'un anneau et un fil serpentiforme collé contre le bord de la tasse. Les unes sont unies, les autres ciselées de motifs de branches, feuilles et grappes de raisin. Des tasses de l'Empire et de la Restauration, mais de modèles peut-être plus anciens, présentent deux types différents de motifs repoussés : l'un, occupant la moitié gauche, formé de cupulettes (tantôt 6, tantôt 7); l'autre, la moitié droite, de feuilles stylisées, palmettes ou côtes (12, 20 ou 23) : entre ces deux motifs, l'anse verticale porte une plaque simple ovale, ou en fleur de lys, ou en coquille, pour le pouce. Le fond en est bombé intérieurement, avec boutons ou points saillants, destinés à mettre en lumière, par le miroitement, la couleur et la limpidité du vin. Certaines tasses portent au fond, des blasons, armoiries de familles; d'autres des pièces de monnaie ou médailles enchâssées. Il y en a où est gravé le nom de leur propriétaire, ou celui d'une localité ou une devise, et presque toutes ces pièces d'orfèvrerie ont leur poinçon de garantie.

M. le docteur Marcel Baudouin, qui possède des collections très curieuses pour la préhistoire et le folklore en son Castel-Maraîchen de Croix-de-Vie en Vendée, a étudié les différents types de la tasse à vin, le symbolisme de ses divers ornements, et voit en elle la dérivée de la coupe de la déesse Hygie, fille d'Esculape, déesse de la Santé et de la Vie, qui avait comme attributs la coupe et le serpent. Dans l'iconographie antique, des figures d'Hygie la montrent tenant une coupe où boit le serpent, comme dans l'iconographie chrétienne le serpent buvant dans le calice de saint Jean.

Dans les salons-fumoirs, les anciennes tasses à vin sont à la mode pour recevoir la cendre des cigares et cigarettes.

ŒUVRES ET OBJETS D'ART

PEINTURES, DESSINS, GRAVURES, SCULPTURES TAPISSERIE, CÉRAMIQUES

SE RAPPORTANT AU CULTE DE LA VIGNE ET DU VIN

100 à 102. POUSSIN (Nicolas), 1594-1665. — *Bacchanales.* Scènes mythologiques, peintures décoratives provenant du château de Richelieu : I. *Triomphe de Bacchus :* H. 1 m. 60 × L. 1 m. 50, Fig. 0 m. 45. — II. *Triomphe de Silène,* 1 m. 62 × 1 m. 18, Fig. 0 m. 45. — III. *Fête au dieu Pan,* 1 m. 62 × 1 m. 45, Fig. 0 m. 40 (Musée des Beaux-Arts, Tours).

Ces peintures décoratives sont ainsi décrites dans la première *Notice des tableaux du Musée du département d'Indre-et-Loire,* imprimée en 1838, par Raverot :

« 89.— *Le Triomphe de Bacchus,* copie d'après Poussin (1). — Bacchus était fils de Jupiter et de Sémélé. Quand il fut grand, il fit la conquête des Indes, alla ensuite en Égypte, où il enseigna l'agriculture aux hommes, planta le premier la vigne, et fut adoré comme le dieu du vin. Bacchus, tenant un thyrse entouré de lierre, est sur un char traîné par des Centaures. Quelques Faunes jouent de différents instruments; des Bacchantes les accompagnent. Un petit Amour cherche à embarrasser les roues du char avec une branche de pampre. Sur le devant du tableau, à droite, on voit un vieillard qui représente la Gange.

(1).Ce tableau, ainsi que les deux suivants, qui sont sortis d'une maison très marquante, y étaient portés dans le catalogue comme tableaux du Poussin; mais on ne peut les considérer que comme des copies d'après ce maître.

« 90. — *Fête à Silène.* — Le dieu a la jambe appuyée sur un tigre. Deux faunes le soutiennent et le couronnent; sur la gauche du tableau, un peu vers le milieu, est un Satyre buvant dans une coupe, qu'un Faune remplit à mesure qu'elle se vide, tandis qu'un autre joue de la flûte. On en remarque encore quelques autres du même côté, ainsi qu'une femme aux pieds de chèvre, montée sur un bouc.

« 91. — *Fête au dieu Pan.* — Des Bacchantes ornent le dieu de guirlandes. Sur la gauche du tableau, on voit une femme montée sur un bouc. Au milieu, par la droite, deux Satyres plongés dans l'ivresse; au-dessus, une Bacchante jouant du tambour de basque. »

La description donnée par la Notice est incomplète : chaque scène mythologique comporte de nombreux détails allégoriques. C'est ainsi que, dans le *Triomphe de Bacchus,* sur une nuée paraît le char du Soleil. Au bas de la *Fête au dieu Pan,* des masques tragiques et comiques évoquent l'origine du Théâtre dans les fêtes dionysiaques. La femme montée sur un bouc est, sans doute, Ariane que Bacchus entraîne à sacrifier à Pan (voir n° 127, gravure d'après la décoration de Carrache). — Ces Bacchanales ont bien été commandées à Nicolas Poussin par le cardinal-duc et exécutées en 1639, et les toiles du Musée de Tours proviennent bien du château de Richelieu. Leur composition habile et harmonieuse est de Poussin; mais l'exécution picturale motive des doutes. Ces toiles décoratives peuvent être comparées avec les mêmes Bacchanales : le *Triomphe de Bacchus* (collection Carlisle, Castle-Howard), *Fête ou triomphe de Silène* (National Gallery, Londres), le *Triomphe de Pan* (collection Paul Jamot, Paris). Les scènes mêmes et les figures de ces tableaux, d'une facture admirable, ont des dimensions identiques à celles des toiles du Musée de Tours; mais nos toiles ont environ 30 centimètres de plus en hauteur, et semblent avoir été agrandies d'autant (avec prolongement du paysage, arbres, ciel ou sol) : des traces de pointes sur la toile, à sa couture avec le morceau rapporté, l'attestent. Il est donc probable que nos *Bacchanales* sont les véritables originaux du château de Richelieu, et que les autres sont des répliques exécutées avec plus de soin et de maîtrise par Nicolas Poussin.

103. *Triomphe de Silène.* Toile, 1 m. 25 × 1 m. 70. Envoi de l'État, 1803 (Musée des Beaux-Arts, Tours).

Cette *Bacchanale* a été attribuée à Poussin. L'attribution à l'École italienne, et plus particulièrement romaine, du XVIIe siècle, est vraisemblable; encore plausible serait celle au peintre français, de la même époque, Sébastien Bourdon.

104. RUBENS (Pierre-Paul), 1577-†1640. *L'Ivresse de Silène.* Toile 0 m. 46 × 0 m. 64, attribuée à Rubens (M. Rabotteau, Tours).

105. JORDAËNS (Jacob), 1593-†1678. *Silène,* fragment, toile, 0 m. 65 × 0 m. 52 (M. Robert Delmas, antiquaire, Tours).

106. Bosse (Abraham), peintre, graveur, architecte et écrivain, né à Tours, 1682-†1676. — *Le Goût,* peinture attribuée à Abraham Bosse. Toile, 1 m. 05 × 1 m. 35 (Musée de Tours).

Le Musée de Tours possède cinq tableaux, *les Cinq Sens,* peintures de l'époque Louis XIII, attribuées à Abraham Bosse (106 *bis:* le même sujet gravé par Bosse).

107. *L'Ivresse de Noé,* peinture de l'École italienne, XVIIe siècle, 0 m. 95 × 1 m. 20 (Société archéologique de Touraine).

108. *Bacchus et Ariane,* peinture de l'École française, XVIIe siècle, 0 m. 68 × 0 m. 85 (Musée de Tours).

109. *Vieux buveur,* étude, 0 m. 62 × 0 m. 48 (Musée de Tours).

110. *Corbeille de fruits,* raisins et divers. École italienne, XVIIe siècle, 0 m. 56 × 0 m. 71 (Musée de Tours).

111. *Fruits et raisins de table.* École italienne, XVIIe siècle, 0 m. 75 × 0 m. 60 (Musée de Tours).

112. Raoux (Jean), 1677 † 1735. *Portrait de Mlle Prévost, danseuse de l'Opéra* (1723), 2 m. 25 × 1 m. 60 (Musée de Tours).

Elle est représentée en Bacchante, dansant, avec un thyrse et une grappe de raisins : un Bacchant joue de la double flûte; un autre la regarde; au fond, devant un temple et une pièce d'eau, dansent des Bacchantes.

113. Vallin (Jacques-Antoine), 1760- † 1831 (?). *Bacchante endormie,* 0 m. 52 × 0 m. 72 (Musée de Tours).

114 et 114 *bis.* Vestier (Antoine), 1740- † 1824. *Bacchante couronnée de roses* (Salon de 1789), 0 m. 80 × 0 m. 63. — *Bacchante tenant une coupe de vin* (Salon de 1804), 0 m. 75 × 0 m. 60 (Musée de Tours).

115. *Jeune fille tenant une coupe,* fragment de peinture, 0 m. 63 × 0 m. 50 (Musée de Tours).

Provient du château de Chanteloup (Inventaire de 1794).

116. Mallet (Jean-Baptiste), 1759-† 1835. *Nymphe, satyre et amour,* 0 m. 33 × 0 m. 40 (Musée de Tours).

117. Riché (Adèle), élève de Vandael, 1831. *Fleurs, raisins blancs et noirs,* toile 0 m. 90 × 0 m. 75 (Musée de Tours).

118. Médine (vicomte Albert de), né à Paris en 1826. *La Kermesse,* de Rubens : copie réduite d'après le tableau du Louvre, 0 m. 42 × 0 m. 65 (Musée de Tours).

119. Cathelineau (Gaétan), 1787 † Tours, 1859. — *Vieux Vigneron tourangeau* (1848), 0 m. 47 × 0 m. 37 (Musée de Tours).

120. Ripault (Alexandre), Tours, 1839 † 1911 *Le Cep de vigne,* 1 m. 25 × 0 m. 85 (M. Paul Briand).

---

121. *Les Vendanges,* peinture décorative sur fond or, par M. Charles Liéron. Haut. 1 m. 20 × Long. 2 m. 80 (Mairie de Tours).

---

122. *Scène de corps de garde :* Soldats buvant et chantant. Sépia, fin du XVIIIe siècle, 0 m. 60 × 0 m. 47 (Musée de Tours).

123. MILLET (J.-F.), 1814- † 1874. Croquis au crayon : deux paysans, dont un « se versant un coup de vin » (M. Dubreuil, antiquaire, Tours).

124. BARIC (Jules), Ste-Catherine-de-Fierbois, 1830- † Monnaie 1905. *Paysans de Touraine.* Dessins-caricatures (Musée de Tours).

125. ROBIDA (Albert). *Bacchanale.* Dessin à la plume pour les Poésies de Ronsard (M. Horace Hennion).

126. BEAUMONT (Ch.-Édouard), 1821- † 1888. *Croquis de Carnaval.* Dessin aquarellé; Pierrot et Pierrette. « Produit français... Une machine à faire le vide » (Musée de Tours).

127. HÉROUARD. *Au château de Moncontour.* Scène moyen-âge. Aquarelle originale (M. le baron J. de Kœnigswarter, château de Moncontour).

128. JOB (Jacques Onfrey de Bréville). *Vieux vigneron tourangeau : « le vin poussé ».* Dessin original fait à la Cloutière, près Loches, en 1885 (M. Jacques-Marie Rougé).

129. LANDRY (A.). *Vieux Chinonais,* dessin (M. J.-M. Rougé).

---

130. *Cave peinte* de la propriété dite LES TONNEAUX, commune de Saint-Cyr-sur-Loire. Chromolithographie d'après un dessin aquarellé de J. Fournier, 1889. Lith. Ch. Guilland, Tours.

La cave des *tonneaux* est ainsi nommée parce que les 6 premiers de ses 23 caveaux contiennent encore chacun un immense tonneau en pierre, d'environ 15 hectolitres. Cette installation existait en 1330, d'après un titre du XIVe siècle. Certains archéologues l'estiment de l'époque romaine. La grande salle d'entrée est décorée de peintures murales, fresque fort détériorée : bordure composée de feuilles enroulées, rouges et noires, à laquelle sont suspendus, sur un semis de quintefeuilles rouges, des écussons à pointe aiguë, plusieurs aux armes de familles tourangelles; au fond, sur une surface demi-circulaire, une scène de vendanges et de fabrication du vin. La cave peinte de Saint-Cyr rappelle ce que Rabelais fait dire à Pantagruel : « Je sçai où est Chinon et la cave paincte aussi, j'y ai bu maints verres de vin bon et frais. » (Voir *les Domaines ruraux de Saint-Cyr-sur-Loire,* par Léon Lhuillier, Péricat, Tours, 1890.)

131. *Triomphe de Bacchus.* Gravure teintée de couleurs rose et blanc et encadrement rehaussé d'or : Lodco Teseo e Franco Panini dis. — Gio. Volpatto inc. (Musée de Tours).

Plafond de la Galerie peinte par Annibale CARRACCI (Carrache, 1560-† 1609), au Palais Farnèse, à Rome.

Le vieux Silène monté sur un âne, le jeune Bacchus sur un char attelé de tigres, et son épouse Ariane, en robe bleue, sur un char traîné par des boucs; des bacchantes jouant des cymbales, du tambour, des égipans, satyres, faunes, et sylvains sonneurs de trompe les escortent; des amours les survolent, porteurs d'amphores, de coupes, de couronnes.

A comparer avec les Bacchanales de Poussin (nos 101 à 103), dont les trois tableaux sont le développement du sujet traité par Carrache.

132. *La Nymphe Erigone.* Peint. par N.-R. JOLLAIN, peintre du Roi, gravé à Paris par MULLER, 1773 (M. Horace Hennion).

La Nymphe Erigone fut aimée de Bacchus qui, pour la séduire, prit la forme d'une grappe de raisin. Cette gravure est « dédiée à son Altesse Sérénissime Mgr Charles, duc régnant de Wurtemberg et Teck, etc., par son très humble et très soumis serviteur et sujet, Jean Gothard Müller (armes ducales).

133. *Le Triomphe de Silène.* Gravure. C. Vanloo pinx. L. Lempereur sc., 1789 (M. Ch. Vavasseur).

134. *Silène conduisant un âne monté par une bacchante* (pierre gravée antique) dessinée par J.-B. Wicar, gravée à l'eau-forte par Masquelier fils, et terminée par F. Godefroy, 1810.

135. *Villon au cabaret de la Pomme de Pin*, Léopold Flameng inv. et sculpt., d'après les fresques du café Gonin, rue Vavin, 20 (M. Horace Hennion).

136. *La Grappe de Raisin* (Une jeune femme à sa fenêtre) peint par Gérard Dow, dessiné par Pre Chasselat, gravé par Forster (Mme Bigo-Guintini).

137. *Le coup de l'étrier*, fixé sur verre (M. M. Radier, Tours).

138. Gravures humoristiques en couleur, 1830-1860.

139. *Le célèbre Gargantua*. Grande image coloriée. Fabrique de Pellerin, impr. libr. à Épinal (M. le baron Raymond Auvray).

---

140. *L'homme au verre de vin*, photographie du tableau du Musée du Louvre, peinture sur panneau de bois attribuée à Jehan Fouquet, Tours 1415 ou 1420†1480 (Musée de Tours).

---

141. *Saint Vincent*, patron des vignerons, et *Saint Nicolas*, patron des mariniers, figures de bannières, XVIIIe siècle (M. A. Bray, architecte en chef des Monuments historiques).

---

145. *Triomphe de Bacchus et d'Ariane*, tapisserie des Flandres, époque Régence. H. 2 m. 85 × L. 4 m. 30 (M. Dubreuil, antiquaire, Tours).

Bacchus et Ariane, sur un char attelé de deux tigres; Silène leur offre une coupe de vin; deux Bacchantes jouent du tambour et des cymbales; un enfant nu est monté sur une chèvre. Fond de paysage, jardin à la française ; à droite, un grand palais, avec jeux d'eau; à gauche, une fontaine monumentale.

---

150. *Vendanges*, fragment de frise antique, terre cuite 0 m. 32 × 0 m. 45 (Société archéologique de Touraine).

Un vieux Faune, vêtu d'une peau de chèvre, danse en jouant de la double flûte. Deux Faunes, plus jeunes, presque nus, avec des peaux de panthères, se donnent la main et foulent le raisin en sautant en cadence. Un vendangeur barbu arrive chargé de grappes.

151. *Bacchus*. Statue, moulage d'après l'antique. H. 2 m. 05.

Le voluptueux fils de Jupiter et de Sémélé, Bacchus, debout et absolument nu, s'appuie, du bras gauche, sur un tronc d'orme auquel se marie un cep de vigne. — Moulage ancien de la statue en marbre grec que le cardinal de Richelieu possédait en son château, sur les confins de Touraine et Poitou, et qui est au Louvre.

152. *Sainte Famille à la grappe*, bois sculpté et peint, XIVe siècle : groupe de trois statuettes, 0 m. 30 × 0 m. 25.

153. *Deux saints*, tenant chacun un verre, statuettes, bois peint (M. Ch. Vavasseur).

154. *Grand vase aux raisins*. Vase décoratif de jardin (modèle de Versailles), terre cuite. Hauteur 0 m. 90. Diam., 0 m. 65 (M. Pignolet, antiquaire, Tours).

155 et 155 *bis*. *Petit vendangeur* et *petite vendangeuse* ; 2 statuettes, terre de Lorraine (marque T. D. L. Haut. 15 cent).

156. *Cueilleuse de raisin*, statuette polychrome, porcelaine de Niderviller. Haut. 17 cent. (collection de M. X., de Tours).

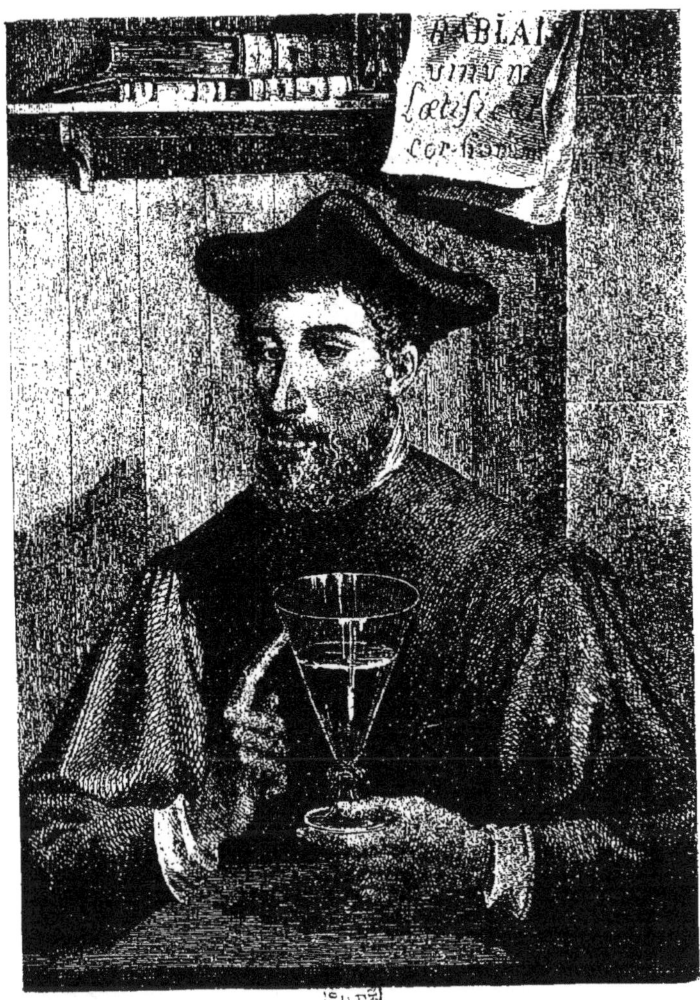

Bourgerie del[t].　　　　Lith. CLAREY-MARTINEAU, Tours.

FRANÇOIS RABELAIS, né à Chinon en 1483.

D'après le portrait original appartenant à M. Joubert-Froger, de Chinon, sur l'indication de M. d'Entraigues, préfet d'Indre-et-Loire, et par les soins de M. Champoiseau.

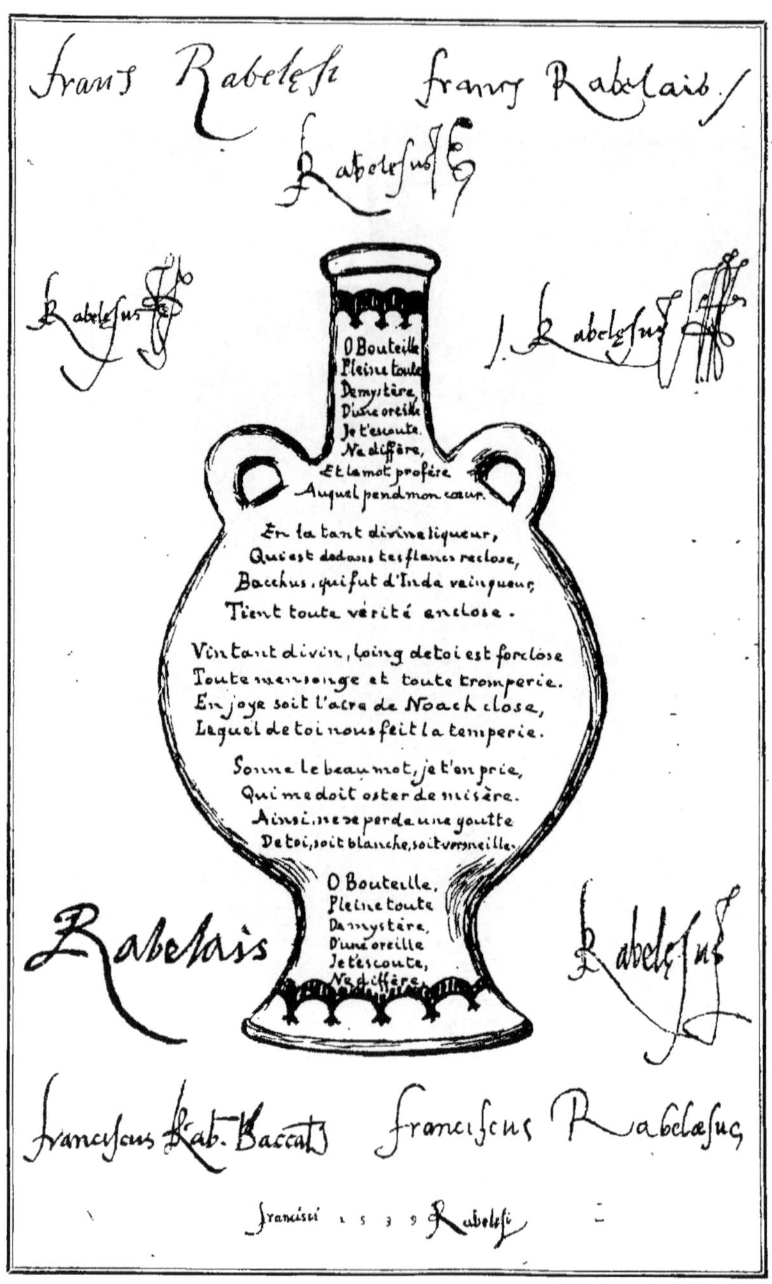

La Dive Bouteille, chantée par RABELAIS.

Quelques signatures de François Rabelais.

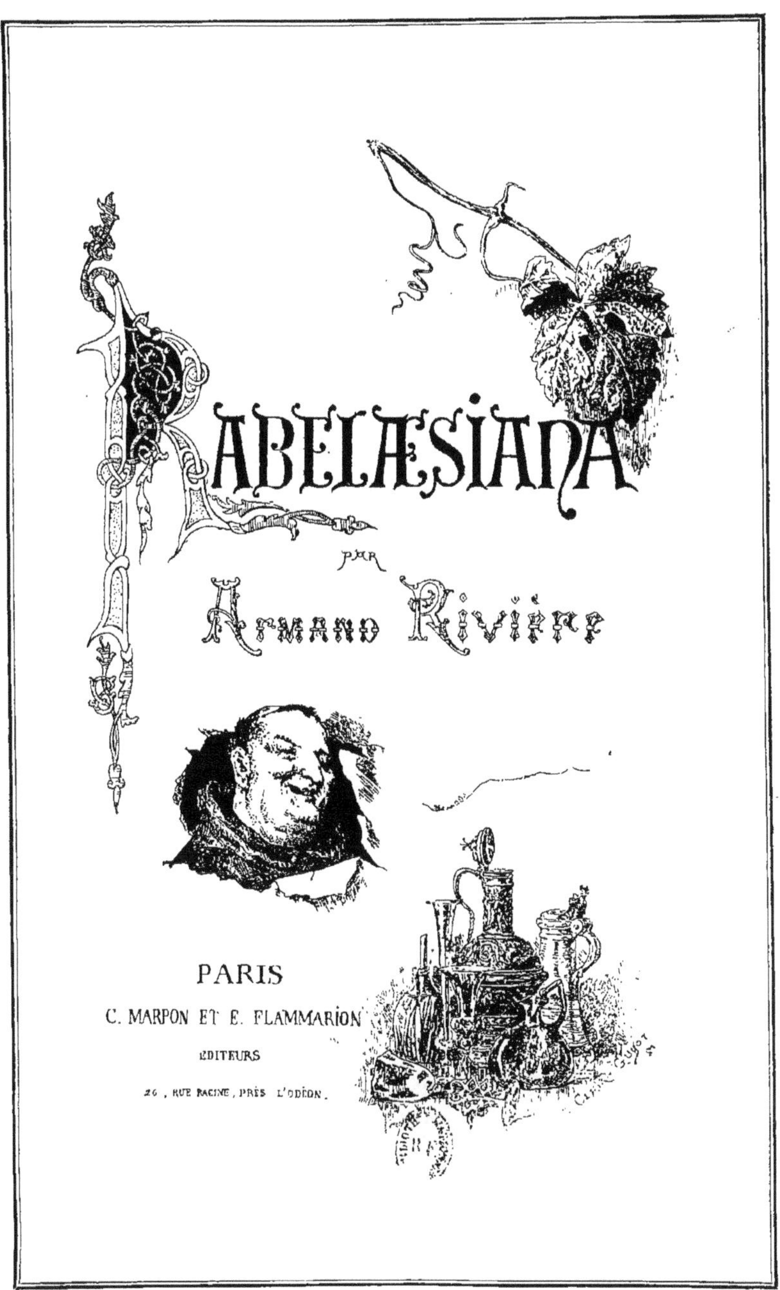

Titre des *Rabelæsiana*, par Armand Rivière.

E. ARRAULT ET Cie, Imprimeurs à Tours, 8 mars 1885.

**

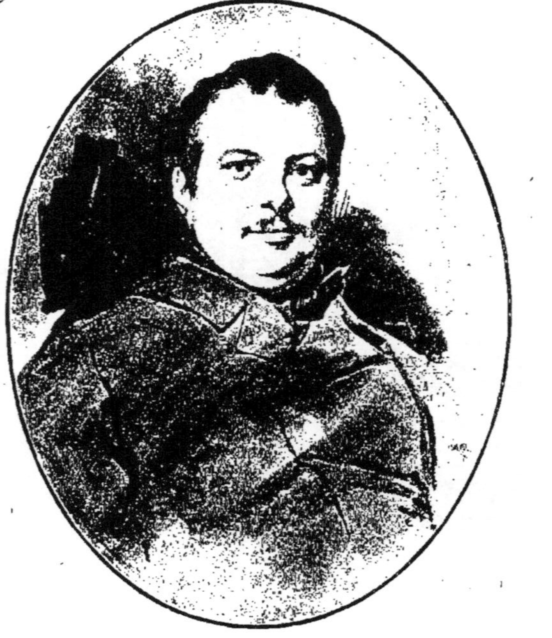

BALZAC, par L. Boulanger.
(Musée de Tours.)

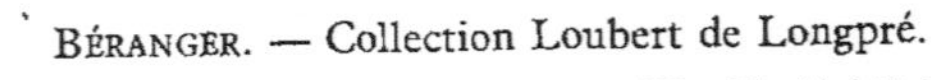

BÉRANGER. — Collection Loubert de Longpré.
(Mme Platford-Raby.)

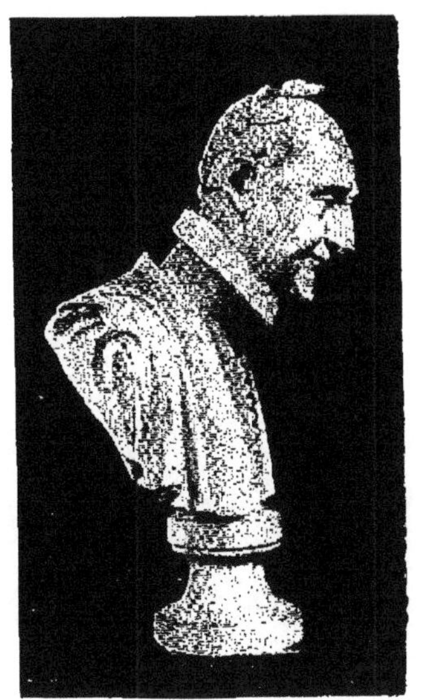

RONSARD (Buste ancien).

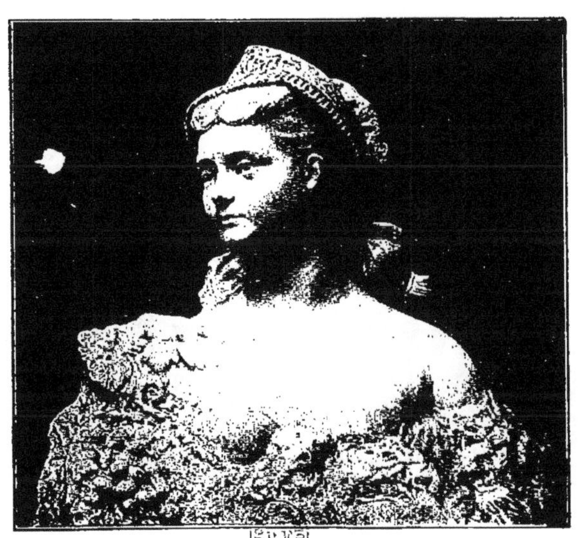

La Tourangelle, par G. Delpérier.

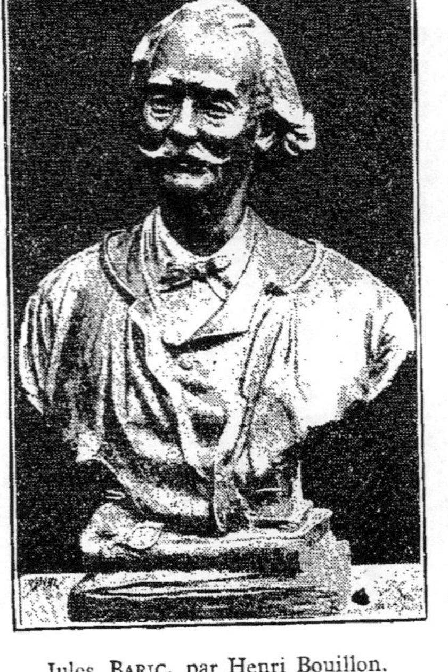

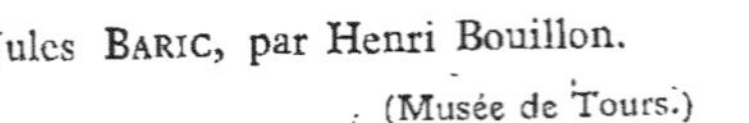

Jules BARIC, par Henri Bouillon.

(Musée de Tours.)

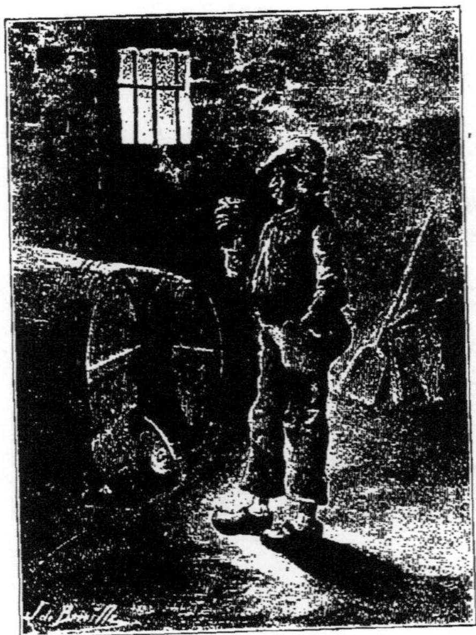

Vieux Vigneron tourangeau.

« *Le Vin Poussé* », par Job (J. de Bréville).

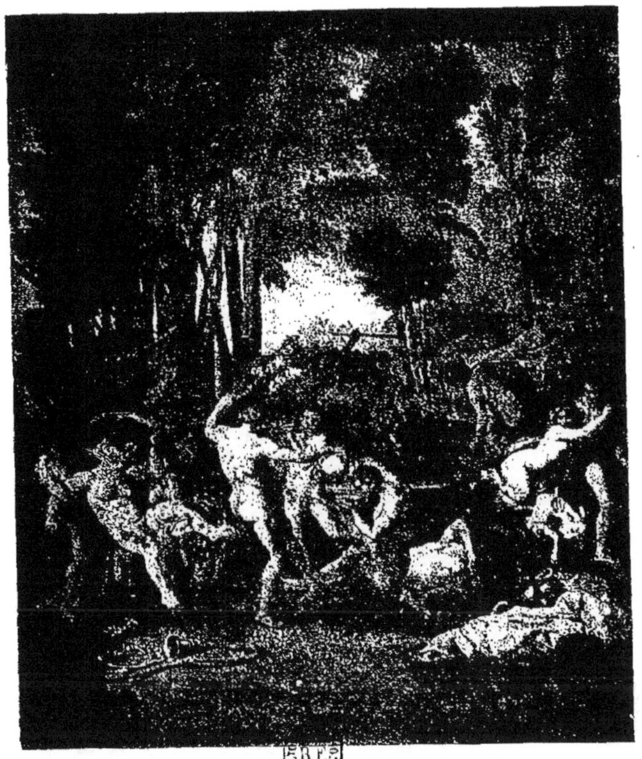

Triomphe de Silène, par Nicolas POUSSIN.

(Prov^{t} du Ch^{teau} de Richelieu.) (Musée de Tours.)

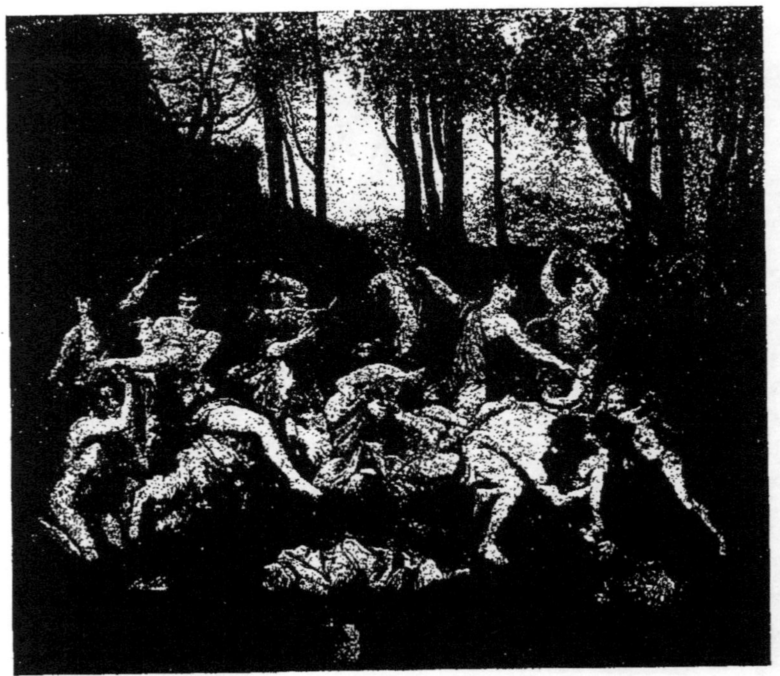

Fête au dieu Pan, par Nicolas POUSSIN.

(Prov[t] du Ch[teau] de Richelieu.) (Musée de Tours.)

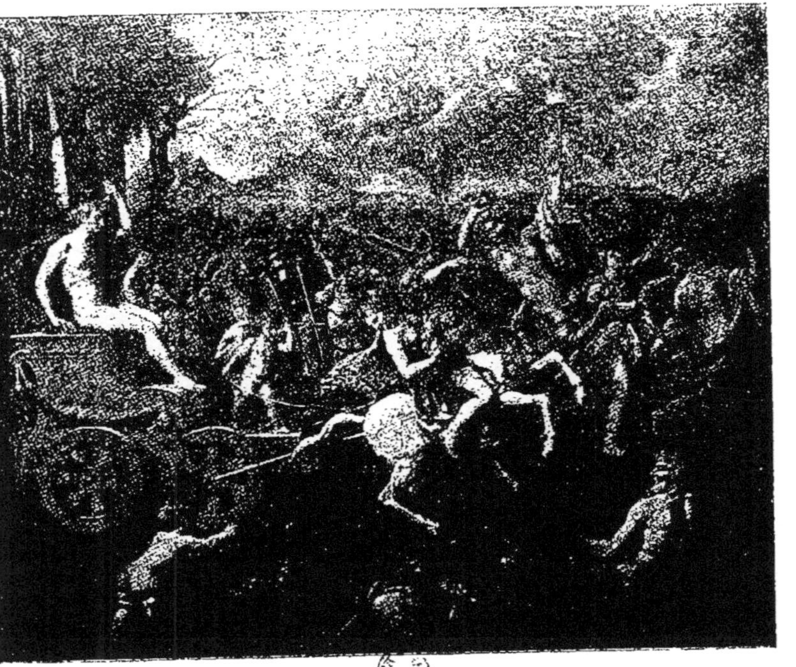

Triomphe de Bacchus, par Nicolas POUSSIN.

(Prov

(Prov[t] du Ch[teau] de Richelieu.) (Musée de Tours.)

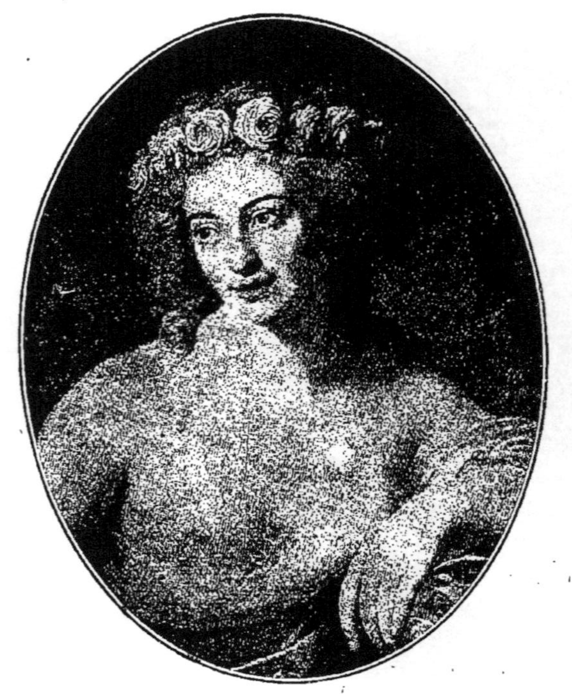

Femme couronnée de roses, par Antoine VESTIER.

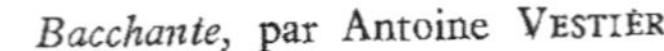

Bacchante, par Antoine VESTIER.

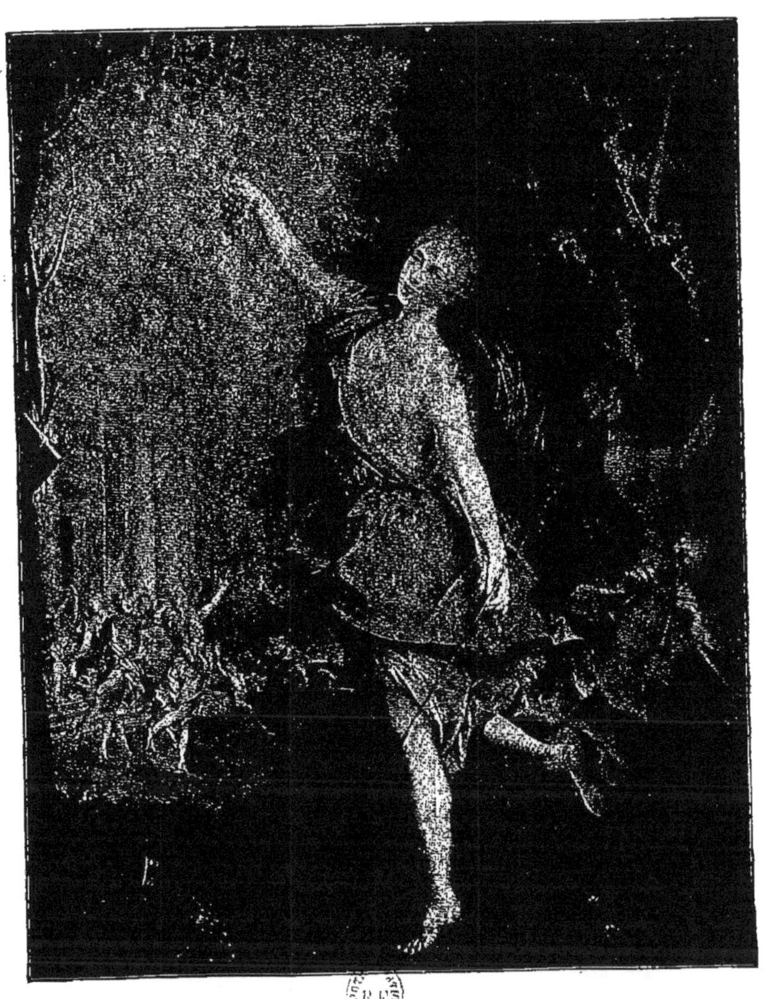

Jean Raoux. — *Mademoiselle Prévost, danseuse de l'Opéra.*

(Musée de Tours.)

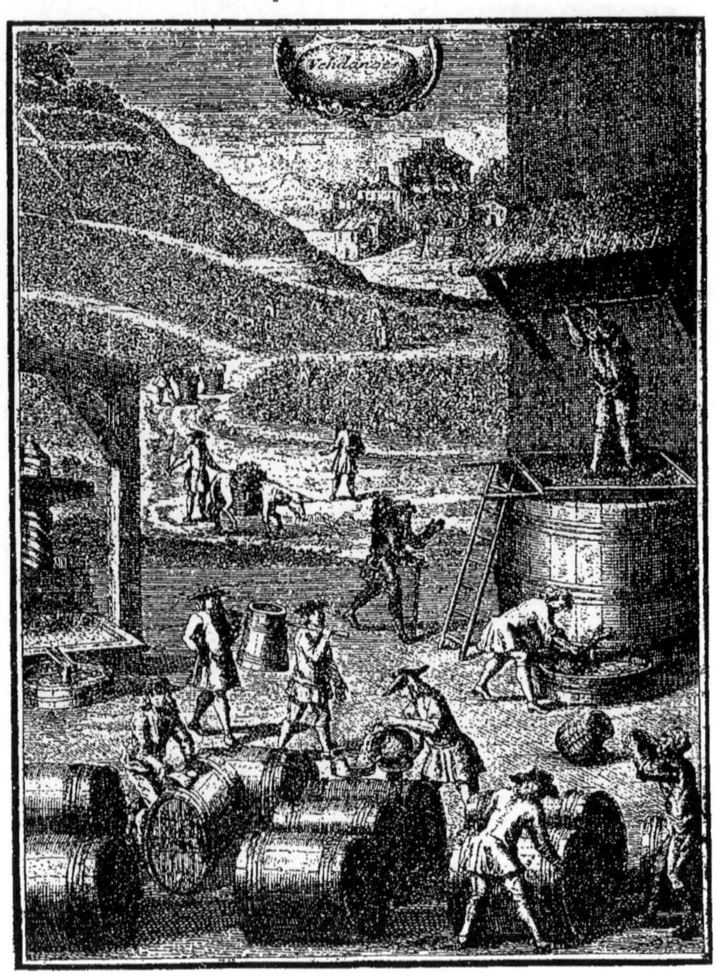

Vendanges. — Gravure extraite de la *Maison rustique*, de Liger, édition de 1755.

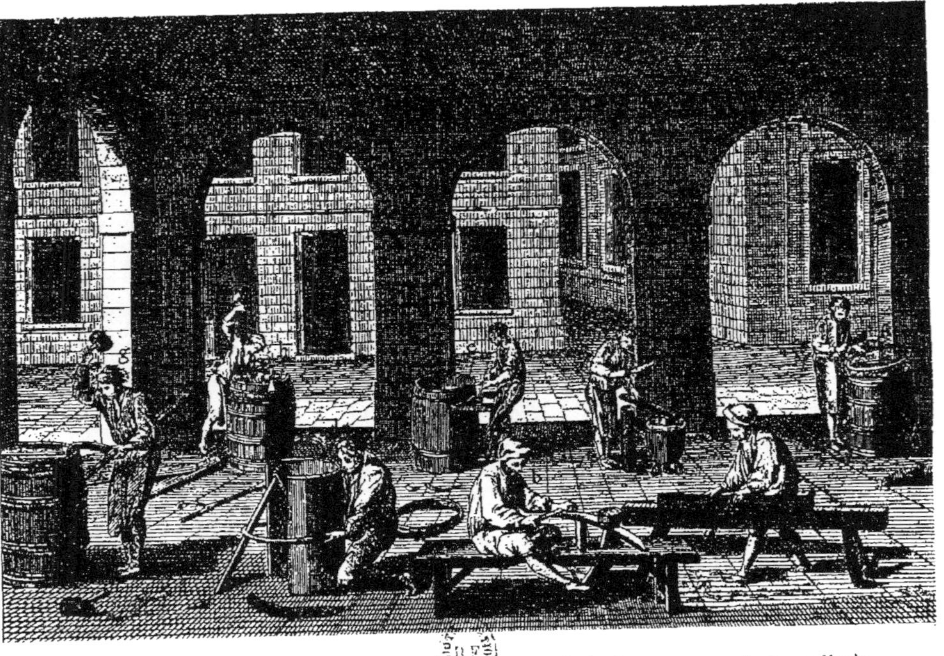

Un atelier (XVIIIe siècle) où des ouvriers sont occupés à des ouvrages de tonnellerie.

a, il prépare le mérain pour une douve sur le charpi avec la cochoire ; *b*, il place la douve sur la selle ; *c*, il passe la douve sur la colombe ; *d*, il monte un tonneau ; *e*, il serre le tonneau avec le bâtissoir ; *f*, il forme la coche sur le cercle ; *g*, il met des cercles avec le tiretoir ou tire-à-cercle ; *h*, il chasse des cercles avec le chassoir.

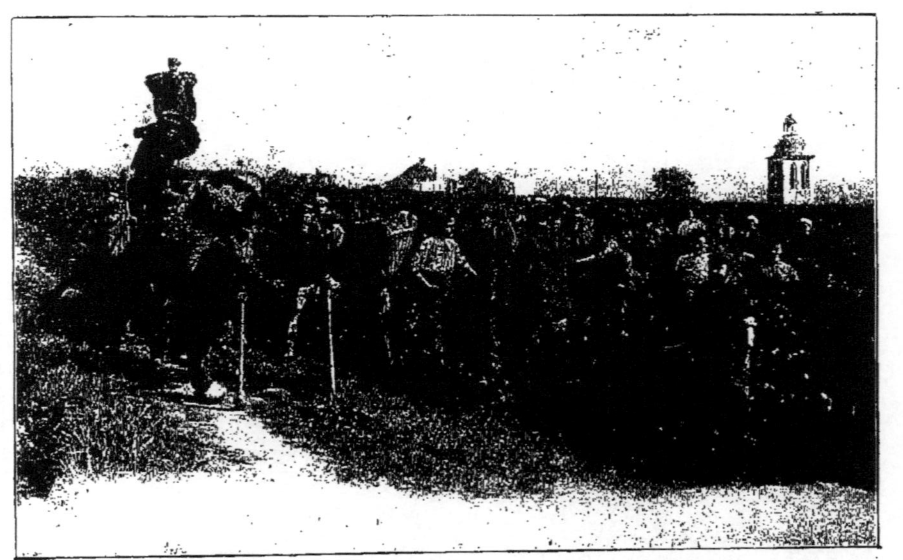

Les Vendanges sur le coteau de Vouvray (Domaine de l'Auberdière, à M. Ch. Vavasseur.)

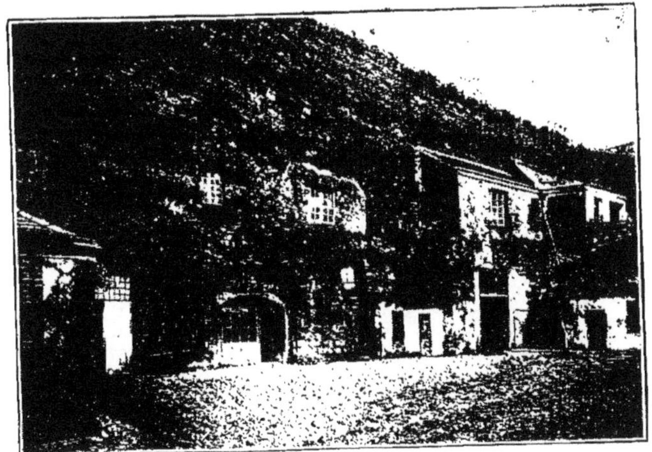

Entrée de caves à l'Auberdière, propriété de M. Ch. Vavasseur.

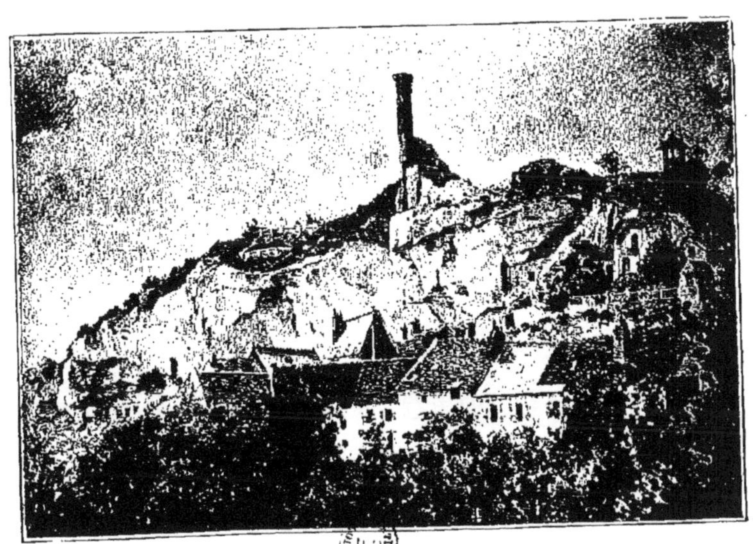

Roche-Corbon. *La Lanterne*, propriété de M. Albert Arrault.

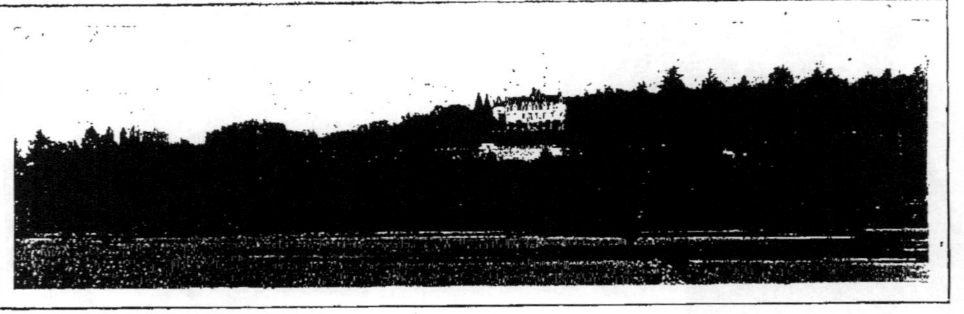

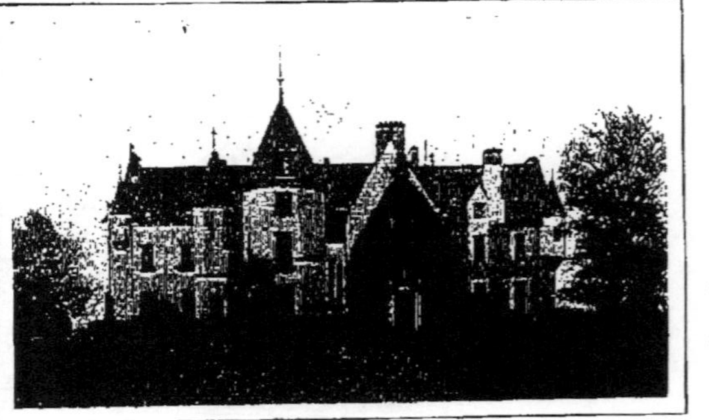

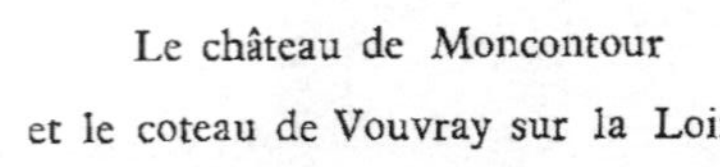

Le château de Moncontour
et le coteau de Vouvray sur la Loire.

Le château, façade Nord.
Vue de l'allée d'arrivée.

LE CHATEAU

— DE —

MONCONTOUR

Façade Ouest.

Vers Tours.

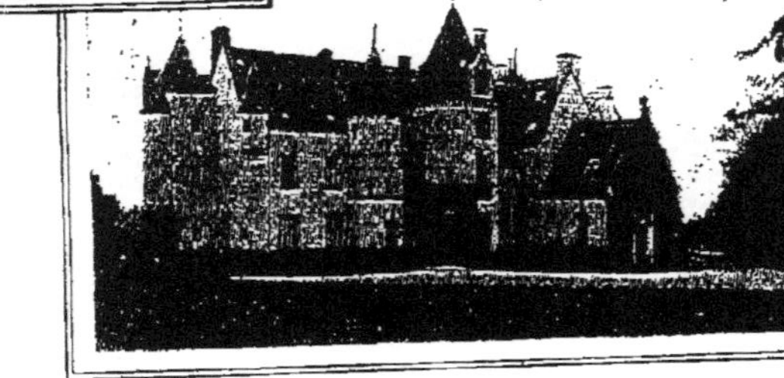

Façade Nord.

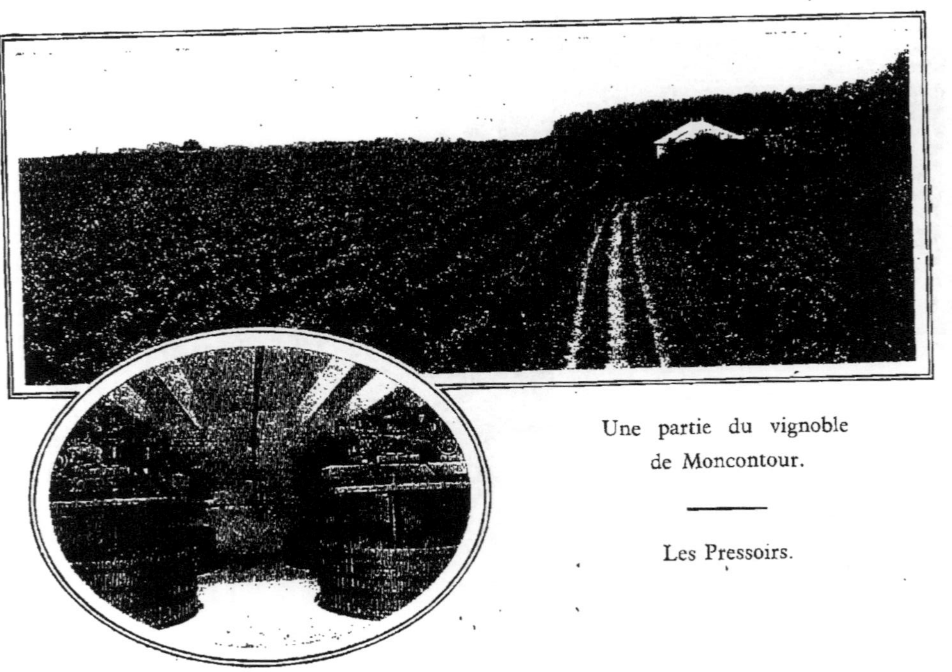

Une partie du vignoble
de Moncontour.

Les Pressoirs.

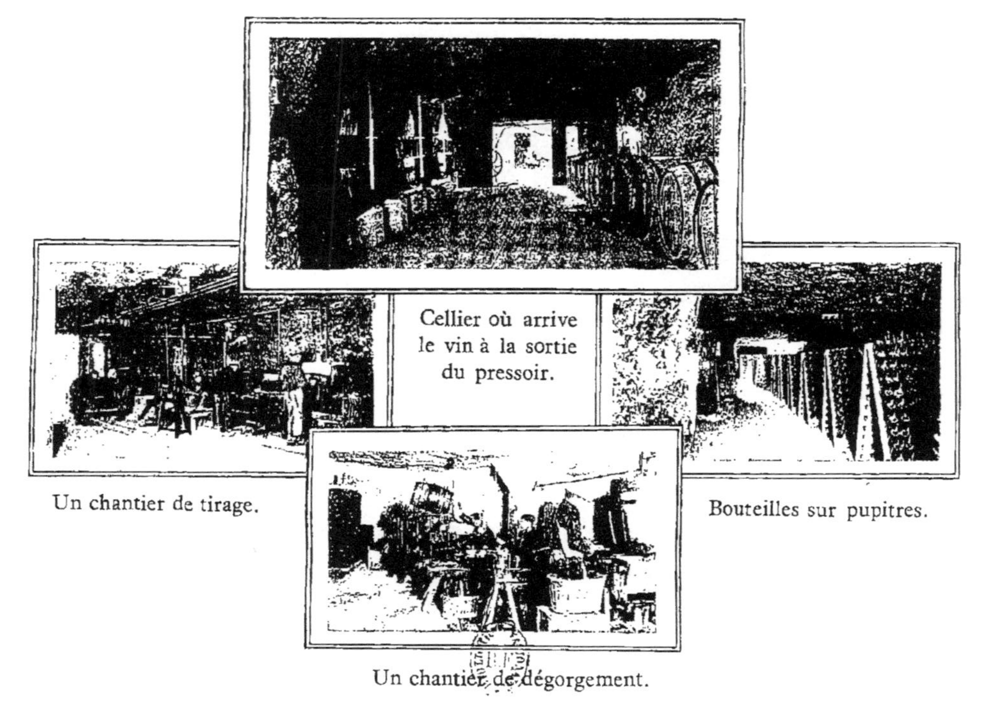

Cellier où arrive le vin à la sortie du pressoir.

Un chantier de tirage.

Bouteilles sur pupitres.

Un chantier de dégorgement.

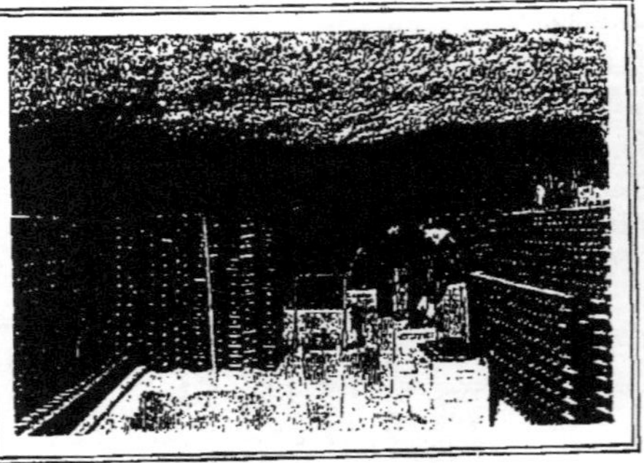

Bouteilles mises en tas.

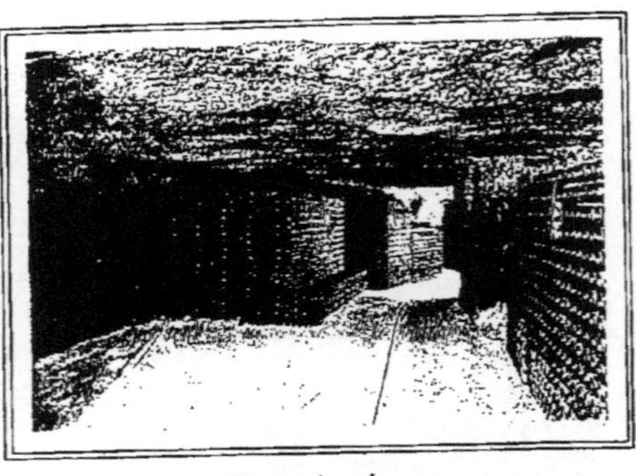

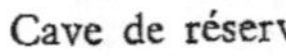

Cave de réserve.

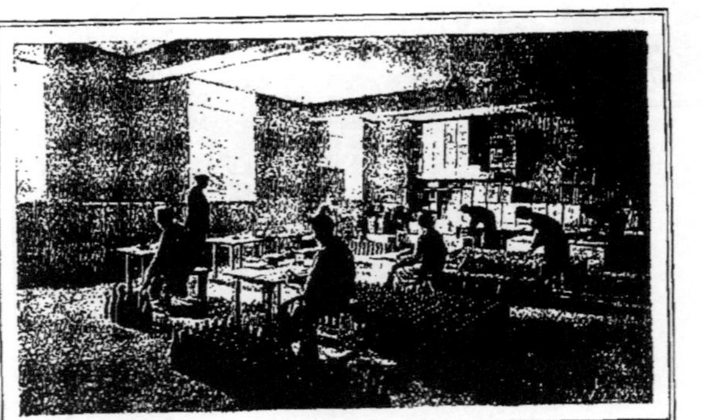

Habillage et emballage des bouteilles.

157. CLODION (Claude-Michel, dit), 1738-† 1814. *Satyre, nymphe et amour, mangeant des raisins.* Terre cuite d'après Clodion (M. Pignolet, Tours).

158. CHAMBARD (Louis-Léopold), 1811-† 1895. Prix de Rome, 1837. *Les Enfants de Bacchus.* Terre cuite. H. 0 m. 11 (Mme Bigo-Guintini).

159. DELPÉRIER (Georges). *La Tourangelle,* buste, émergeant des pampres. Biscuit. H. 0 m. 25 (Mme Horace Hennion).

160. GUÉRIN, de Tours. *Vieux Vigneron débouchant une bouteille.* Terre cuite (1905). H. 0 m. 35 (M. Ch. Vavasseur).

161. SICARD (François), président de l'Académie des Beaux-Arts et de l'Institut de France. — *Le Vin : Bacchante,* esquisse originale (1908). H. 0 m. 25 (Musée de Tours).

---

162. *Surtout de table.* Coupe sur pied élevé autour duquel des Amours cueillent le raisin, le mangent ou l'écrasent au pressoir. Biscuit, époque 1830 (M. Robert Delmas, Tours).

163. HANNAUX (E.). *Bacchus enfant,* statuette en biscuit rosé (Manufacture nationale de Sèvres).

164. *Les Mangeurs de raisins,* groupe galant, genre XVIIIe, biscuit.

164 *bis. Amours,* tenant des cornes d'abondances débordant de raisins : petits bougeoirs en biscuit blanc (Sèvres).

165. AVISSEAU (Charles-Jean), Tours, 1795-† 1861. *Tonnelet-gourde,* faïence rustique avec décor en couleurs, paysage, personnages et fleurs, exécutée par Avisseau à Beaumont-les-Autels (Eure-et-Loir), 1825 (Musée de Tours).

166. LANDAIS (Joseph), Tours, 1829-† 1908. *Rabelais,* cartouche ovale, portrait en ronde bosse, terre émaillée, genre Palissy et Avisseau, 0 m. 45 × 0 m. 35 (Musée de Tours).

167 à 169. LANDAIS (Alexandre), Paris, 1860-† Tours, 1912. *Silène soutenu par deux faunes,* plaquette 0 m. 41 × 0 m. 31. — *Buveurs,* deux plaquettes, 0 m. 25 × 0 m. 18. — *Plat,* ovale, raisins noirs et fruits divers, céramique, 0 m. 34 × 0 m. 26 (Musée de Tours).

170. *Grand plat rond creux de Saint-Pierre-des-Corps,* décor feuilles et grappes de vigne : buveur à califourchon snr un tonneau, brandissant d'une main une bouteille et de l'autre un verre (M. Ch. Vavasseur).

171. *Assiette,* exécutée par Léon BRARD, de Tours, marli décor Rouen, personnage (un vinaigrier) avec légende « Voilà du bon vinaigre, 1793 » (Musée de Tours).

172. *Corbeille de raisins et de fruits,* faïence blanche vernissée, XVIIIe siècle : 1 corbeille et 2 demi-corbeilles (Mme Vavasseur).

173. *Corbeilles à la grappe,* faïence de Langeais, fond blanc crème, dentelée et ajourée, décor de pampres en relief argenté (Mme Vavasseur).

174 à 180. *Théière, tasses, pot à lait, porte-bouquet, pot à tabac,* faïence blanche de Langeais, décor pampres argenté. — *Petit pot à tabac,* faïence ocre imitant un tronc d'arbre, avec pampres en relief argenté (Mme Hennion).

VAISSEAUX VINAIRES

ROMAINS ET GALLO-ROMAINS

Collection du Musée des Antiquités tourangelles (Société Archéologique de Touraine)

Les Romains et Gallo-Romains se servaient pour le vin de vases en poterie, terre cuite jaune ou rouge, de dimensions diverses : le *dolium*, énorme jarre (le *pithos* grec), remplissant l'office de foudre ou barrique, dont la capacité atteignait parfois 10 hectolitres; le *dolium* était muni d'un couvercle en poterie, *operculum*; des tresses de sarment ou de branches de bouleau l'encerclaient pour éviter le bris par les chocs. — Pour les grosses quantités de liquide, ils se servaient aussi du *culeus*, outre fort large faite de plusieurs peaux de porcs ou de cuir, pouvant être fixée sur la plate-forme d'un chariot. Les Gaulois eurent aussi des *dolia* en bois, tonneaux cerclés. — A côté des *dolia* de poterie, des *cupæ*, cuves, des *seriæ*, jarres plus petites, tenaient l'emploi de la futaille moyenne : leur extrémité inférieure était pointue pour être plantée dans le sable de la cave; — les *seriolæ* étaient la menue vaisselle vinaire, barils, tonnelets ou quartauts. Le soutirage du vin se faisait dans ces récipients soigneusement enduits de poix; puis le vin était mis dans les *amphores*; c'est la mise en bouteilles; les amphores étaient bouchées avec un tampon de liège recouvert d'argile ou de plâtre avec le sceau du propriétaire; les amphores étaient posées sur le sol pour les vins faibles, enfoncées dans la terre pour les vins puissants.

181. *Dolium*, romain ou gallo-romain, énorme jarre en terre cuite, fragment. haut. 1 m. × diam. 1 m. 30 (Société archéologique de Touraine).

Ce *dolium* provient de l'église de Civray-sur-Cher (I.-et-L.) où il aurait servi de cuve baptismale pour les premiers chrétiens. — Sa hauteur totale devait être de près de 2 mètres et sa capacité de 8 à 10 hectolitres. — Le volume, le poids et la fragilité de ce *dolium* n'ont pas permis son transport. Sa photographie est exposée; mais on peut le voir au Musée des Antiquités de Touraine, 8, place Foire-le-Roi.

182 à 185. *Amphores*, mesurant haut. 1 m. 20; haut. 1 m. 10; haut. 1 mètre; haut. 0 m. 90. (Société archéologique de Touraine).

Cette dernière porte des incrustations madrépores attestant un long séjour dans l'eau. — La mesure courante de l'amphore était de 26 l. 8; les *seriæ* contenaient environ 7 amphores, de 180 à 200 litres.

---

186 à 189. *Pots en faïences diverses : Pot* en forme de casque, faïence de Rouen, décor bleu; *Pot* faïence blanche, décor floral polychrome; *Pichet*, faïence de Delft; *Pichet*, faïence décor floral bleu; *Pichet*, faïence de Nevers, bleu de Perse; *Bouteille de voyage*, faïence française, décor bleu « bergerie »; deux *bouteilles*, faïence de Delft (Musée de Tours).

190. *Bouteille à surprise*, en forme de livre, avec centre ajouré, faïence de Varage (Var). Haut. 18 cent. (collection de M. X., Tours).

Décor polychrome d'oiseaux et branchages, tranches marbrées, filets jaunes niellés manganèse au bord; inscription au dos : « Histoire de Bacuss, thome 1er : Je ne me mettrai jamais en chemin — sans avoir mon office du vin — pour en boire soir et matin. — Vive le bon vin. An 9 républicain. »

191 à 196. *Gourde*, ronde et plate, faïence blanche de Saint-Pierre-des-Corps; *Tonnelet-gourde*, faïence blanche, décor bleu, inscription « Berge »; *Pot à vin*, à couvercle et anse, faïence blanc-mastic de Pont-aux-Choux; grandes *Tasses* à anse, faïence de Saint-Pierre-des-Corps, décor polychrome (Société archéologique).

197. *Gourde de compagnon*, en forme de couronne, faïence de Nevers (Musée compagnonique de Tours).

Inscriptions : « Breton le Bien-Aimé, compagnon tanneur et corroyeur pour la vie, reçu à Nantes le 30 octobre 1844. » — « Le Devoir me réjouit, l'Honneur me guide. »

198, *Petit barissel* en faïence (M. Jacques-Marie Rougé).

199. *Petit tonneau*, oblong, faïence ornée de feuilles de vigne (M. A. Meunier, les Hauts-Clouets, Rochecorbon).

200 à 210. Autres *Pichets*, *Gourdes* et *Tasses*, faïence rustique (divers).

212. *Pot trompeur*, faïence de Malicorne (M. Paul Briand).

Pot ajouré, décor pampres. Inscription : « Buvez, je le veux bien. — Mais sachez placer votre main. »

213 et 214. *Deux pichets* à vin froid, en bois, avec anse et couvercle : l'un, sculpté au couteau ; l'autre, pyrogravé et peint : travail hollandais ancien (Mme Bigo-Guintini).

215 à 229. *Bouteilles de verre*, de différentes époques.

En France, l'usage de la bouteille de verre date du XIIIe siècle, mais il ne se généralisa que deux siècles plus tard. La première verrerie française fut établie en 1290, à Quiquengrogne près la Capelle (Aisne), puis d'autres se fondèrent en Lorraine, en Bourgogne, etc.

230. *Hanap*, verre de Venise, XVIe siècle (M. R. Delmas, Tours).

231. *Grand verre de compagnon*, cristal, décor gravé et doré : insignes compagnoniques et raisins (Musée compagnonique de Tours).

232 et 233. *Deux grands verres à pied*, cristal taillé, motifs dorés (M. Bonneau, Musée de Tours).

234. *Verre de voyage*, taillé à 15 facettes, bord doré, avec sa custode en cuir frappé de l'aigle impériale (Mme Hennion).

235 à 250. *Une partie de la collection de Mme Vavasseur*, gobelets, verres à pied, flûtes et coupes, formes variées, époques différentes.

Corbeilles-rafraîchissoirs, tôle vernis Martin ou métal argenté (divers).

Vaisselle en étain, brocs, pichets, écuelles, plats et assiettes.

Les propriétaires de vignobles ont conservé l'usage traditionnel de servir dans cette vaisselle un festin à leurs travailleurs, le dernier jour de la vendange : c'est « le berlot ».

Tire-bouchons avec manches faits d'un cep de vigne.

Vis d'anciens pressoirs, bois de chêne ou de cormier, servant actuellement de colonnes-supports pour plantes d'appartement ou objets d'art.

Douille d'obus, cuivre gravé par un Poilu de la Grande Guerre : *la Lanterne de Rochecorbon*, avec ce refrain sur l'air de la *Madelon* :

On boit du bon pinard
A Rochepinard,
Et le pinard est bon
A Rochecorbon.

QUELQUES PORTRAITS DE POÈTES ET ÉCRIVAINS DE TOURAINE QUI ONT GLORIFIÉ LA VIGNE ET LE VIN

301. RABELAIS (François), Chinon, 1495, † Paris, 1553. — *Portrait ancien*, peinture toile, 0 m. 78 × 0 m. 60 (Société archéologique de Touraine).

301 *bis*. *Estampe*, Bourgerie del[t] lith. Clarey-Martineau, Tours. (M. Horace Hennion).

Extrait des « Tableaux chronologiques de Touraine : FRANÇOIS RABELAIS, né à Chinon, en 1483, d'après le portrait original appartenant à M. Joubert-Froger, de Chinon, sur l'indication de M. d'Entraigues, préfet d'Indre-et-Loire, et par les soins de M. Champoiseau. » A comparer avec le précédent, n° 301.

302. *Buste de Rabelais*, marbre par Élias ROBERT (1855), haut. 0 m. 69 (Musée de Tours).

303. *Statue de Rabelais*, par Henri DUMAIGE, plâtre, haut. 2 m. 10. Salon de 1880. Modèle de la statue inaugurée à Tours en 1880 (Musée de Tours).

304. *La Devinière et le cabaret de la Lamproie à Chinon*, gravures, 1699 (M. le baron Raymond Auvray, Tours).

« La Devinière, 1699. Métayrie dans la paroisse de Sully, à une bonne lieue de Chinon, vis-à-vis la Roche-Clermaut en Touraine. C'est le lieu où est né Rabelais. » Dans le même cadre : « Le dehors de la chambre de Rabelais à Chinon. Le cabaret de la Lamproye, 1699. Cour du cabaret. Cour des escuries. Jardin. Jeu de boule. »

« *O lachryma Christi !* c'est de la Devinière : c'est vin pineau. — O le gentil vin blanc ! et par mon âme, ce n'est que vin de taffetas. — Heu heu, il est à une aureille, bien drapé et de bonne laine. » (Rabelais.)

305. RONSARD (Pierre de), la Possonnière, Vendôme 1524, † Saint-Côme-lès-Tours, 1585. *Buste*, plâtre, haut. 0 m. 70 (Musée de Tours).

Moulage, d'après l'orignal aujourd'hui disparu. Ce buste, probablement en terre cuite, figurait sur le tombeau de Pierre de Ronsard, en l'église de Saint-Côme-lez-Tours, dont le poète était prieur commendataire.

Anatole France dit dans son Essai sur *Rabelais* : « En ce temps, les poètes et les humanistes se plaisaient à composer les épitaphes des morts illustres. Ronsard consacra à Rabelais une épitaphe en forme d'ode où il le célèbre surtout comme buveur

Jamais le soleil ne l'a vu,
Tant fût-il matin, qu'il n'eût bu,
Et jamais au soir la nuit noire,
Tant fût tard, ne l'a vu sans boire.
Il chantait la grande massue
Et la jument de Gargantue,
Le grand Panurge et le pays
Des Papimanes ébahis,
Leurs lois, leurs façons, leurs demeures,
Et frère Jean des Entommeures
Et d'Epistémon les combats.
O toi, quiconque sois, qui passes,
Sur sa fosse répands des tasses,
Répands du bril et des flacons,
Des cervelas et des jambons.

Notre délicatesse moderne, au premier abord, trouve volontiers ces vers injurieux, et nous ne nous serions pas attendu à ce que le prince des poètes parlât ainsi du maître incomparable; mais à y prendre garde, cette épitaphe est imitée de quelques petits poèmes de l'anthologie grecque, consacrés à la mémoire d'Anacréon. Et cela, dans la pensée d'un Ronsard, est un honneur pour Rabelais. » (Anatole France.)

M. Paul Laumonier qualifie cette épigramme funéraire « folastrie bachique et non satirique ».

De même que dans l'Antiquité, les convives vidaient trois coupes en l'honneur des trois Grâces, de même faisait Ronsard; mais c'étaient neuf coupes en l'honneur des neuf Muses, et le chantre de *Cassandre* les imitait :

Neuf fois au nom de Cassandre
Je veux prendre
Neuf fois du vin du flacon,
Afin de neuf fois le boire
En mémoire
Des neuf lettres de son nom.

En l'honneur de *Marie*, que d'aucuns commentateurs ont qualifiée fille d'auberge « à l'enseigne du Pin », Pierre de Ronsard dut faire maintes libations spécialement de « Bourgueil »... Sur tous les tons, et les modes les plus divers, « le Prince des Poètes » se plaisait à chanter Bacchus « le Prince des Vins ».

Que de strophes bachiques de Ronsard sonnent dans la mémoire !

Le bon Bacchus, qui la teste a garnie
De cornes d'or, le père des raisins,
Qui fist couler les ruisseaux en bons vins,
Soit le bon Dieu de ceste compaignie.

Page, verse du vin nouveau...
Fay rafraischir mon vin de sorte
Qu'il passe en froideur un glaçon :
Fay venir Janne, qu'elle apporte
Son luth pour dire une chanson :
Nous ballerons tous trois au son...

Ne vois-tu que le jour se passe?
Je ne vy point au lendemain :
Page, reverse dans ma tasse,
Que ce grand verre soit tout plain !
Maudit soit qui languit en vain :
Ces vieux médecins je n'appreuve :
Mon cerveau n'est jamais bien sain,
Si beaucoup de vin ne l'abreuve.

Ou encore cette ode : *De la Fleur de la Vigne*, en laquelle, après sa mort, il veut être mué; — ou encore celle-ci :

Versons ces roses près ce vin,
Près ce bon vin versons ces roses,
Et boivons l'un à l'autre, à fin
Qu'au cœur nos tristesses encloses
Prennent en boivant quelque fin...

Et ce sont les « *Dithyrambes à la pompe du Bouc* » avec le cortège des vineuses Thyades, des folles Ménades, trépignant en poussant des cris : « Évoé, iach, Évoé! » les « chants de folie à Bacchus », et cette grande *Hymne* :

Que sçaurais-je mieux faire en ce temps de vendanges,
Après avoir chanté d'un verre les louanges,
Sinon chanter Bacchus et ses festes, à fin
De célébrer le Dieu des verres et du vin,
Qui changea le premier (ô change heureux!) l'usage
De l'onde Acheloée en un meilleur breuvage?

Enfin, parlant *de l'Élection de son sépulchre*, le prieur de Saint-Cosme-en-l'Isle émettait ce vœu :

Et la vigne tortisse
Mon sépulchre embellisse
Faisant de toutes pars
Un ombre espars!

306. RACAN (Honorat de BUEIL, marquis de), Champmarin, 1589, † Paris, 1670. *Estampe* d'Estienne DESROCHERS, exécutée vers 1690, avec encadrement d'attributs et scènes mythologiques (M. R. Auvray).

Ce portrait est le plus ancien que nous ayons du poète. Propriétaire du château de la Roche-au-Majeur (la Roche-Racan) près de Saint-Paterne, le poète des *Bergeries* y venait, chaque année, faire ses vendanges; il vantait à son ami Chapelain les *joies du pressoir* ; il aimait répéter ce dicton : « Adieu, paniers, vendanges sont faites. » Il vivait dans l'insouciance en épicurien, disciple d'Horace, ainsi que le montre cette *Ode bachique à Maynard* (composée en décembre 1614, d'après M. Louis Arnould) :

Maintenant que du Capricorne
Le temps mélancholique et morne
Tient au feu le monde assiégé,
Noyons nostre ennuy dans le verre,
Sans nous tourmenter de la guerre
Du tiers Estat et du clergé...
Beuvons, Ménard, à pleine tasse;
L'âge insensiblement se passe,
Et nous meine à nos derniers jours;
L'on a beau faire des prières,
Les ans non plus que les rivières
Jamais ne rebroussent leur cours...

Et l'auteur des *Stances sur la Retraite* disait encore du Vin

C'est luy qui fait que les années
Nous durent moins que les journées;
C'est luy qui nous fait rajeunir
Et qui bannit de nos pensées
Le regret des choses passées
Et la crainte de l'avenir.

307. GRÉCOURT (Jean-Baptiste-Joseph WILLARD de), Tours, 1683-† 1743. *Estampe* « J.-B. Joseph Willart de Grécourt », ætat. 46. J.-B. Garand, del. (M. Horace Hennion).

308. *Portrait*, peinture, toile, 0 m. 80 × 0 m. 63 (Musée de Tours).

Ce portrait provient de Saint-Martin de Tours, dont l'abbé Grécourt était chanoine. Son séjour presque continuel était au château de Véretz où le duc d'Aiguillon et la princesse de Conti aimaient sa société; elle n'était pas moins agréable au maréchal d'Estrées qui le mettait presque toujours de ses voyages en Bretagne ou à Paris. Épicurien, Grécourt menait une vie facile; il versifiait agréablement des contes et chansons satiriques, érotiques et bachiques. « Amis, restons long-temps à table » est le refrain d'une de ses chansons :

Le Champagne est mon favori,
Sa mousse me plaît dans un verre;
Mais au défaut du Sillery,
Je m'accommode du Tonnerre...
Voulez-vous boire à petits coups?
Eh! bien, soyons long-temps à table.
Boire à grands traits vous semble doux?
Versez-en dix, et je les sable.

L'abbé-poète n'aimait pas moins le vin de Touraine; il se vantait d'être un franc buveur, ainsi dans cette « chanson en écho » :

Jamais personne
N'a vu rester GRÉCOURT
Court,
Quand il entonne.

309. BALZAC (Honoré de), Tours, 1789, † Paris, 1850. *Portrait de Balzac jeune*, sépia par L. BOULANGER, 0 m. 24 × 0 m. 18,

310. *Buste*, marbre blanc, par Anatole MARQUET DE VASSELOT (1876). haut. 0 m. 85 (Musée de Tours).

Du meilleur cru rabelaisien sont *les Contes drolatiques, colligez es abbayes de Touraine et mis en lumière par le sieur de Balzac pour l'esbattement des Pantagruélistes et non aultres.*

Dans l'*Incube, quatrième dixain*, publié par M. Marcel Bouteron, la page suivante est « tout particulièrement inspirée de l'énumération rabelaisienne du *Quart livre* » :

« ... Pour ce que, si vous ne le sçavez, la Tourayne, l'Anjou et environs sont des pays, à val et à mont, où se plairoient les escureuls et où se plaist aussi la vigne : ez costeaulx y pousse comme chiendent et faict le bien de tous, des tailleurs de merrain à faire tonneaulx, poinçons, cuves et fûts, des cultivateurs d'oseraies et chateigneraies à faire le cercle, des tonnelliers faisant futailles, des vignerons assonnant vignes, des ouvriers faisant pressoir, des vendangeurs foulant raisin, des seigneurs vendant vins, des verriers faisant bouteilles et paoures gens les vidant, sans compter les sergents qui viennent aux noises engendrées par le vin, et les gens d'ecclise baptizant es enfants conceus par la force du vin, qui faict qu'ung homme prend sa femme pour une aultre. De là viend le nom de ioyeulze comme est dict de la Tourayne où vous voyez femmes ayant le fruict du vin en auant, maris heureulx, et beuvant frais pour faire chauldement l'amour, tonneliers sifflant comme merles, vignerons agiles comme poissons, beaux arbres à faire merrain, vis de cormier, iumelles de chesnes, seigneurs en ioye, vin en tonne, tonne en cave, mariées en perce, nopces en train, vignes en pente, filles en amour, presbtres en chair, oiseaux en cages, tout frétillant, poulsant, riant, roulant, criant, verdissant, remuant, agissant, brimballant, triballant, dansant, feuilletant, beuvant, recoltant, cocquetant, allant, venant, comme en aulcun lieu du monde... » (Ex. *les Cahiers Balzaciens* publiés par Marcel Bouteron, 4e cahier, *Les Cent contes drolatiques mis en lumière par le sieur de Balzac, Quatrième dixain.* Fragments inédits. A la Cité des Livres, Paris, 1925.)

311. COURIER (Paul-Louis), Paris, 1772, † Véretz, 1825. *Portrait* au crayon noir, non signé, attribué à un peintre de Tours, contemporain de P.-L. Courier (M. X., de Véretz).

311 *bis*. *La Chavonnière, à Véretz-sur-Cher*. lithographie. Régnier del. Champin lith. (M. Horace Hennion).

« *Habitations des Personnages célèbres :* PAUL COURIER, *Homme de lettres, à la Chavonnière près de Tours (Indre-et-Loire)* ». — Paul-Louis Courier se plaisait à signer ses pamphlets « vigneron tourangeau, vigneron de la Chavonnière ». — « On dirait maintenant viticulteur, — observait Anatole France, — mais Paul-Louis parlait français. » — « Aligne tes plants, mon ami, tu provigneras l'an qui vient, et quelque jour, Dieu aidant, tu feras du bon vin. Mais qui le boira?... » écrit « Paul-Louis, vigneron » dans sa *Pétition pour les Villageois d'Azai que l'on empêche de danser.*

312. CHAPTAL (Jean-Antoine), 1756-† 1832. *Portrait* mi-corps assis. GROS pinx. MAURIN aîné lith. (M. R. Auvray).

Chimiste, fabricant, agronome, administrateur, CHAPTAL, après le 18 brumaire, fit partie du Conseil d'État, puis fut nommé ministre de l'Intérieur. En 1804, à la suite, dit-on, d'une rivalité sentimentale avec Napoléon, il donna sa démission et partit en Touraine où il s'installa au château de Chanteloup : l'Empereur institua la terre en majorat, et Chaptal reçut le titre de comte de Chanteloup. Chaptal a écrit entre autres ouvrages de science appliquée, *l'Art de faire, gouverner et perfectionner les vins.* In-8. Paris, Delalain, 1801.

312 *bis*. *Chanteloup*, gravure en couleurs. Bryans del. Merigot sc. (M. Horace Hennion).

« Chanteloup, the Seat of the Duke de Choiseul. » Cette gravure donne l'aspect du château au moment où y habitait Chaptal.

313. BÉRANGER (Jean-Pierre de), 1780-† 1857. Portrait peint, ovale 0 m. 55 × 0 m. 45 (Mme J. Platford-Raby, née de Longpré, au Grand-Beauregard, Rochecorbon).

Portrait de la Collection de M. Loubert de Longpré, qui loua sa propriété de la Grenadière à Béranger.

313 *bis*. *Séjour de Béranger à la Grenadière*, près de Tours. Borrel del. et lith. Clarey-Martineau r. de la Harpe, 14, Tours (M. R. Auvray).

BALZAC avait habité la Grenadière, en mai 1830; BÉRANGER y vint demeurer en 1836. Le chansonnier logea aussi à Tours, rue Chanoineau, et à l'auberge du Tourne-Guide, située à l'extrémité de l'actuel boulevard Béranger. Innombrables sont les couplets du « Chansonnier national » glorifiant les Vins de France.

314. BARIC (Jules-Jean-Antoine), Sainte-Catherine-de-Fierbois, 1825 † Monnaie, 1905. — *Buste* par Henri Bouillon. Salon de 1891, inauguré à Tours en 1909.

Jules BARIC écrivit maintes savoureuses légendes pour ses dessins-caricatures de *Nos Paysans*. Il composa aussi des vaudevilles, des chansons à boire pétillantes d'esprit.

315. BRARD (Léon), Caen, 1830, † Tours, 1902, peintre, céramiste et chansonnier populaire tourangeau. *Portrait*, peint d'après

F. Pitard (1850 † Tours, 1894), 0 m. 65 × 0 m. 52 (Collection de M. H. Destréguil, Musée de Tours).

Léon Brard composait les paroles et la musique de couplets bachiques, de chansons patriotiques et de romances sentimentales, ou des mélodies sur des poésies d'Henri Murger. Bohème, il les faisait entendre au « café chantant » du père Rothann tavernier, rue Royale, nº 1. La plus populaire entre toutes les chansons du poète-biberon du Caveau tourangeau fut *la Mère Léquipé*

Chez la mère Léquipé,
L'on boulotte,
L'on fricotte,
Chez la mère Léquipé,
L'on boulotte à bon marché.

Chez la mère Léquipé,
Où l'on fête
La piquette,
Chez la mère Léquipé,
Le vin n'est pas frelaté.

316. SUZANNE (Jacques-Joseph), Tours, 1er décembre 1819, † Joué-lès-Tours, 24 mars 1901. — *Portrait* peint par Léon BRARD, 0 m. 40 × 0 m. 32 (M. Horace Hennion).

Jacques-Joseph Suzanne, fils d'un boulanger, tint un restaurant à Chinon, puis vint se fixer à Tours où il fut bureaucrate. Il écrivit des fables et des chansons :

Buvons au cep dont l'ardente racine
S'en va puisant aux flancs de nos coteaux
Si beaux
Le doux parfum de sa liqueur divine.
Aussi dit-on :
Vive ce vin! Vive Chinon!

Jacques-Joseph Suzanne fut le père de Jacques-Prosper Suzanne, le chroniqueur-poète tourangeau (1847-†1913), qui, lui aussi, bien qu'il ne bût que de l'eau, glorifia les vins de Touraine... Mais nous ne saurions faire figurer ici tous les poètes, nos compatriotes et nos contemporains, qui ont accordé leur lyre « à la Gloire du Vin ».

HORACE HENNION,

Conservateur du Musée des Beaux-Arts
de la Ville de Tours.

Dans une autre salle, l'Union Vinicole de Touraine a ouvert sa Foire aux Vins : les amateurs y peuvent admirer et déguster les échantillons de la collection complète des différents crus du terroir tourangeau, les blancs, les rouges et les rosés, les mousseux doux ou secs, moelleux ou pétillants, royaux, impériaux !.. Que de bouquets variés !.. et quel beau bouquet nuancé !...

LIVRES sur la VIGNE et le VIN

N. B. — Sauf indication spéciale, ces livres appartiennent à la Bibliothèque de Tours (1, place Anatole-France), où ils pourront être consultés dès la fermeture de l'Exposition.

1° OUVRAGES TECHNIQUES

401. MAUPIN, *L'Art de la vigne ; Chimie sur les vins ; Amélioration des vins ; Prolongation de la durée des vins ; Decuvage des vins ; Manipulation des vins*, etc. Paris, Musier, 1779-1781, in-8 (avec signature autographe).

402. CHAPTAL (Jean-Antoine, 1756-†1832), *L'Art de faire le vin*. Seconde édition, Paris, Deterville, 1807, in-8 (M. Horace Hennion).

403. LENOIR (B.-A.), *Traité de la culture de la vigne et de la vinification*. Paris, Rousselon, 1828, in-8°.

404. JEUFFRAIN (André), de Tours. *Pressoir hydraulique*. Tours, Mame, 1831, in-12.

405. ODART (le comte), né à Prézeaux en 1778, † à Tours en 1866. *Ampélographie, ou traité des cépages les plus estimés*. Tours, Mame, 1841, in-8.

406. ODART (le comte), *Manuel du Vigneron*. Paris, s. n., 1845, in-12.

407. ODART (le comte), *Exposé des vignobles du département d'Indre-et-Loire*. S. l., s. n., 1851, br. in-8.

408. ROUILLÉ-COURBE (de Tours), *Rapport présenté à la Société d'Agriculture sur les améliorations dans la culture de la vigne*. Tours, Ladevèze, 1861, in-8.

409. PÉCAULT (P.), *Nouvelles Améliorations dans la culture de la vigne*. Tours, Guilland-Verger, 1861, in-8.

410. GUYOT (Jules), *Culture de la vigne et vinification*. Paris, Didot, 1861, in-12.

411. PASTEUR (Louis), *Études sur le vin, ses maladies ; procédés pour le conserver*. Paris, Impr. Impériale, 1866, in-8.

Première édition de ce fameux ouvrage, qui exposait la découverte des *bactéries* et contenait en germe tous les travaux ultérieurs de l'illustre savant.

412. GIFFARD (A.), *Tableau synoptique des principales tailles et procédés de formation et de conduite de la vigne à vin*. Angers, Lachèse, 1871, in-8.

413. LE ROY-MABILLE (Évariste), *Maladies de la vigne*. Paris, Les Mondes, 1874, br. in-8.

414. PRILLIEUX (Ed.), *Le Peronospora de la vigne* (« *mildew* » *des Américains*) *dans le Vendômois et la Touraine*. Paris, Annales de l'Institut agronomique, 1878-1879, br. in-8.

415. PORTES (L.) et RUYSSEN (F.), *Traité de la vigne et de ses produits*. Paris, Doin, 1886-1889, 3 vol. in-8.

416. MADELAIN, *Les Parasites de la vigne en Touraine : phylloxéra et mildiou, leurs traitements*. Tours, Rouillé-Ladevèze, 1887, in-8.

417. BÉRY-AUGER, *Petite Méthode pratique et économique de la culture de la vigne*. Tours, Juliot, 1888, in-8.

418. FOEX (G.), *Cours complet de viticulture*. Paris, Masson, 1891, in-8.

419. VIALA (P.) et RAVAZ, *Les Vignes américaines : adaptation, culture, greffage*. Paris, Masson, 1892, in-12.

420. FITZ-JAMES (duchesse de), *La Pratique de la viticulture, adaptation des cépages franco-américains à tous les sols français*. Paris, Baillière, 1894, in-12.

421. CASTEL (P.), *Reconstitution de vignoble par les hybrides américains et franco-américains*. Montpellier, Progrès agricole, 1896, in-8.

422. CASTEL (P.), *Conseils pratiques sur l'hybridation de la vigne*. Montpellier, Coulet, 1898, in-8.

423. DURAND (E.), *Manuel de viticulture pratique*. Paris, Baillière, 1900, in-12.

424. *Notice sur les vins de Vouvray, domaine des Bidaudières*. Tours, Salmon, s. d., br. in-8.

425. CHAUVIGNÉ (Auguste), né à Tours en 1855, † à Saint-Avertin en 1929. *Monographie de Vouvray*. Tours, Péricat, 1909, in-8.

426. CHAUVIGNÉ (Auguste), *Le Vignoble de Touraine*. Paris, Revue de la Viticulture, 1913, in-8.

427. CHAUVIGNÉ (Auguste), *Ampélographie tourangelle*. Paris, libr. Maison Rustique, 1914, in-8.

428. MARTIN (J.-B.), *Le Vignoble tourangeau*. Montpellier, Roumégous, 1923, br. in-8.

429. MAISONNEUVE (docteur P.), *Le Vigneron angevin*. Angers, l'auteur, 1926, in-8.

2° OUVRAGES HISTORIQUES, LITTÉRAIRES ET ARTISTIQUES

430 à 434. RABELAIS (François), *Œuvres* en diverses éditions, parmi lesquelles l'édition de Bry : Paris, 1858, 2 tomes en un vol. in-8; l'édition illustrée par A. ROBIDA : Paris, Librairie illustrée, 1885-1886, 2 vol. in-8 (M. Horace Hennion), et la grande édition illustrée par Gustave DORÉ : Paris, Garnier, 1873, 2 vol. in-fol.

435. BÉRANGER (P. J. de), *Œuvres complètes*, édition unique, revue par l'auteur, ornée de 104 vignettes en taille-douce. Paris, Perrotin, 1834, 4 vol. in-8 et un album de musique (M. Horace Hennion).

436. BALZAC (H. de), *Les Contes drolatiques*, 5e édition, la première illustrée de 425 dessins par Gustave DORÉ. Paris, Soc. générale de librairie, 1855, in-8 (M. Horace Hennion).

437. BERTALL, *La Vigne*. Paris, Plon, 1878, in-4.

438. « CÉHACHE », *Séquelle de vingt-quatre sonnets à la gloire du Vouvray mousseux, plus deux sonnets réguliers sur le vin blanc de Montlouis.* Manuscrit (M. Horace Hennion).

Céhache, pseudonyme pris par Constant Hennion (Estaires 1834, † Tours 1907) pour ce jeu prosodique : le premier sonnet est monosyllabique, le deuxième disyllabique, et ainsi de suite en augmentant le nombre des pieds jusqu'au douzième et au treizième, qui sont en alexandrins; puis le quatorzième est en vers de onze syllabes, et ainsi de suite en décroissant jusqu'au vingt-quatrième, monosyllabique.

439. RIVIÈRE (Armand), maire de Tours de 1879 à 1882. *Rabelæsiana.* Paris, Marpon et Flammarion (Tours, Arrault et Cie), 1885, in-12 (M. Horace Hennion).

440 et 441. SILVESTRE (Armand), *Rabelais et l'œuvre de Jules Garnier.* Paris, Bernard, 1892, in-8, et 1897, in-4.

442. MAYET (Charles), *Le Vin de France.* Paris, Furne, Jouvet, 1894, in-8.

443. MENDÈS (Catulle), *La Grive des vignes.* Paris, Charpentier, 1895, in-12 (M. Horace Hennion).

Recueil de poésies dédié « à Georges Courteline, prince des jeunes poètes comiques ». Ex. avec dédicace autographe sur la couverture : « A Roger Milès, amicalement. Catulle Mendès », et carte de Georges Courteline.

444. COLETTE WILLY, *Les Vrilles de la Vigne*, Éditions de « la Vie Parisienne » 1910), in-12 (M. Horace Hennion).

Page autographe en face de la couverture illustrée : « Quels vins que les vôtres, Monsieur ! Charles VIII en est mort. Aussi, quand je déjeune dans votre pays — où l'on ne déjeune pas sans boire — je baisse la tête, après, en entrant à la Cathédrale... » « Colette. »

445. *Musée rétrospectif des classes 36 et 60 (matériel et procédés de la viticulture) à l'Exposition universelle et internationale de* 1900 *à Paris;* rapport du Comité d'installation. Saint-Cloud, Belin, 1901, in-4.

446. BILLIARD (Raymond), *La Vigne dans l'antiquité*, précédée d'une introduction par P. Viala. Lyon, Lardanchet, 1913, gr. in-8 illustré (M. Horace Hennion).

447. CHEVAIS (Maurice), *Chansons populaires du Val de Loire (Orléans, Blois, Tours)* et des pays avoisinants. Paris, Heugel 1925, in-8.

548. DES OMBIAUX (Maurice), *Le Gotha des vins de France.* Paris, Payot, 1925, in-8.

449. MONTORGUEIL (Georges), *Monseigneur le Vin : Anjou-Touraine*, etc. Dessins de Carlègle, Paris, Nicolas, 1927, in-8 carré (M. G. de Baillard du Lys.)

450 et 451. ROUGÉ (Jacques-Marie), *Le Vieux Vignoble tourangeau, histoire et légende.* Tours, Moreau, 1925, in-8, et Paris, Horizons de France, 1925, in-16.

452. ROUGÉ (Jacques-Marie), *Paul-Louis Courier, vigneron tourangeau.* Tours, Impr. Tourangelle, 1925, br. in-8.

453. ROUGÉ (Jacques-Marie), *Les Grands Crus de Touraine.* Tours, Officiel du Commerce des Vins, 1927, in-4.

154. SIMON, *Bibliographie du vin.* Paris, Nourry, 1929, in-8.

GEORGES COLLON,
Archiviste paléographe,
Conservateur de la Bibliothèque de Tours.

Les Mannequins figurant à l'Exposition Rétrospective sont prêtés gracieusement par la Maison SIGRAND, les FABRIQUES FRANÇAISES, les NOUVELLES GALERIES. Les Costumes appartiennent à la Maison MORIN-CHANTEAU du Mans. Les Perruques sont fournies par M. GAUDIN, coiffeur à Tours.

Les meubles et sièges anciens garnissant le Salon d'Exposition sont dus à l'obligeance de M. DUBREUIL, antiquaire-expert, à Tours.

6823-30. — IMP. ARRAULT & Cie, TOURS

www.ingramcontent.com/pod-product-compliance
Ingram Content Group UK Ltd.
Pitfield, Milton Keynes, MK11 3LW, UK
UKHW021034180726
13838UKWH00004B/1803